阅读成就思想……

Read to Achieve

《创新者的窘境》解读版

「イノベーターのジレンマ」の経済学的解明

[日] 伊神满（Mitsuru Igami）著

俞强 译

中国人民大学出版社
· 北京 ·

图书在版编目（ＣＩＰ）数据

《创新者的窘境》解读版 /【日】伊神满著；俞强译. -- 北京：中国人民大学出版社，2021.1
ISBN 978-7-300-28784-3

Ⅰ．①创… Ⅱ．①伊… ②俞… Ⅲ．①企业管理－研究 Ⅳ．①F272

中国版本图书馆CIP数据核字(2020)第228233号

《创新者的窘境》解读版

【日】伊神满（Mitsuru Igami） 著

俞强 译

《Chuangxinzhe de Jiongjing》Jieduban

出版发行	中国人民大学出版社		
社　　址	北京中关村大街31号	邮政编码	100080
电　　话	010-62511242（总编室）	010-62511770（质管部）	
	010-82501766（邮购部）	010-62514148（门市部）	
	010-62515195（发行公司）	010-62515275（盗版举报）	
网　　址	http://www.crup.com.cn		
经　　销	新华书店		
印　　刷	北京联兴盛业印刷股份有限公司		
规　　格	148mm×210mm　32开本	版　次	2021年1月第1版
印　　张	7.375　插页2	印　次	2021年1月第1次印刷
字　　数	120 000	定　价	69.00元

版权所有　　侵权必究　　印装差错　　负责调换

前言

如今，科学技术突飞猛进，世界充满了各种可能性，但这可能并不一定是好消息。原有的社会结构和组织机构瓦解后，企业可能会债台高筑，失业者也将逐渐增加。

- 作为构筑了一个时代的"赢家"，为什么有些企业在新时代的技术竞争中会起步较晚？
- 该怎么做？
- 政府将在其中起到什么作用？

这些问题正是贯穿本书的主题。

《创新者的窘境》（The Innovator's Dilemma）是一本关于上述主题的好书。作为一本商业书籍，它获得了很多人的认可，至今还吸引着大量读者。它的作者是哈佛商学院教授克莱顿·克里斯坦森（Clayton M. Christensen）。

而我则是耶鲁大学的经济学者。2009年夏天，我读了《创新者的窘境》，在对它印象深刻的同时，我也意识到它有一些不足。书中的主题和案例都很有意思，但理论和实证都不够严谨，还需要进行经济学层面的归纳。于是，我足足花了10年的时间进行研究，现在终于可以将成果公布于众了。所以，本书是用最前沿的方法来阐释经济学的一大主题。

让我们来看看"经济学的严谨性"吧。

我希望，不管你处在什么行业，从事什么职业，凡是与商业和制定政策相关的人都能好好读读这本书。我在日本有过一段短暂的工作经历，因此我是抱着与老同事喝酒畅谈"离职后，我一直在从事这样的工作"的心态来写本书的。所以，希望大家能用一种轻松的心态来阅读本书，如果有难懂的地方，你可以适当地跳过，并继续阅读。对于那些平时不读商业书籍，但对《世界的结构》这类书籍感兴趣的初高中生、大学生以及他们的父母而言，我也推荐他们读一读这本书。经济学的意义就在于通过深入研究某个问题而使我们获得见识，而这种见识可以应用到日常生活和工作的各个层面。

对于那些对经济毫无兴趣、甚至还处于以下人生十字路口的人而言，经济学或许能提供某种像勇气一样的东西：

- 对人生道路感到困惑；
- 在一家经营不良的公司工作，我快撑不下去了；
- 想要离开危险的交往对象却怎么也离不开。

我还认为，本书能为一些经济学专家提供一些启示。因为本书的主旨是基于我每年春季在耶鲁大学经济学系开设的"创新经济学"这门课提出的。

本书后半部分的实证分析对 2017 年 6 月刊登在芝加哥大学（经济学的保守派）的学术刊物《政治经济学杂志》(*the Journal of*

Political Economy）上的论文《评估创新者的窘境：对 1981—1998 年硬盘驱动器行业的创造性重构的结构化分析》（*Estimating the Innovator's Dilemma: Structural Analysis of Creative Destruction in the Hard Disk Drive Industry, 1981—1998*）进行了简明易懂的解释，以便让所有读者都能看懂这篇文章。大家可以将这本书视为对微观经济学、宏观经济学和计量经济学的应用或行业组织理论和创新理论的辅助读物，也可以将它作为理论和实证相融合的结构推算理论的入门书籍来使用。

如果你之前接触过经济学，这可能有利于加深你对本书内容的理解。但读懂本书，经济学知识不是必需的，你只要有阅读能力和加减乘除四则运算（数学）能力就足够了。

目录

第 1 章　破坏性创新和创新者的窘境

破坏性创新的内因　/ 003

关于《创新者的窘境》这本书　/ 005

用"因愚蠢导致失败"是解释不了的　/ 006

本书的主要内容　/ 008

本书的结构　/ 016

第 2 章　替代效应

替代效应　/ 023

创新的分类　/ 026

同质化产品　/ 030

垂直差异化产品　/ 033

水平差异化产品　/ 039

第 3 章　竞争效应

先发制人　/ 047

成熟企业和新兴企业　/ 048

不完全竞争的博弈论　/ 056

第4章　能力差距

与其说破坏性创新是一种技术创新的类型，不如说是一个过程　/ 064

成熟企业的弱点　/ 067

成熟企业的优势　/ 073

成熟企业和新兴企业哪一方能力更强　/ 077

小结　/ 081

第5章　实证分析的三种方法

回顾　/ 084

方法一：（狭义的）数据分析　/ 086

方法二：对照实验　/ 094

方法三：模拟实验　/ 097

第6章　对"窘境"的阐释：需求

回顾　/ 102

克里斯坦森的好帮手　/ 103

实证分析的步骤　/ 105

第 7 章 对"窘境"的阐释：供给

"先生"不感兴趣或者无敌时 / 121

领先创新的诱惑从何而来 / 122

计算真实的利润必须知道真实的成本 / 127

实战：推算硬盘驱动器的成本和利润函数 / 132

第 8 章 培养动态的思维方式

"吃小亏占大便宜"适用于一切投资 / 144

时间、体力和精力的投资 / 147

预期价值和沉没成本 / 149

有远见的方法 / 150

黑心公司和黑色恋人 / 152

从行为中倒推收益和成本 / 154

和黑色恋人分手的选择价值 / 157

在对战游戏中，分析的基础是相同的 / 160

第 9 章 对"窘境"的阐释：步骤（3）和（4）投资和反事实模拟

步骤（3）：投资游戏的理论数据分析 / 166

能力差距的真实情况 / 171

步骤（4）：科学的虚构 / 174

小结 / 181

第10章　窘境的解决（上）

　　回顾　/186

　　你的问题是什么　/187

　　谁应该关心这个问题呢　/189

　　我们应该怎么办　/193

第11章　窘境的解决（下）

　　看树，看森林，看世界　/207

　　促进创新的政策　/208

　　破坏性创新的真实含义　/220

　　本书总结　/222

第1章
Chapter 1

破坏性创新和创新者的窘境

在上历史课时，总有人会打瞌睡，但"诸行无常""盛者必衰"这些词还是会被人们记住的。

人们常说，骄奢者不久长，犹似春梦。"胜者生，败者死"的故事好像只会出现在军事战争中。

打瞌睡的人也好，不打瞌睡的人也好，在度过学生时代之后，人们终将直面现实的经济问题。在商业世界中，随处可见没落的企业和衰退的行业。

每当硅谷出现新一代的胜利者时，那些传统企业或产品就会被扔进历史的垃圾桶。例如：

- 苹果公司的智能手机一出现，传统手机就可能会消失；
- 亚马逊公司每次增加可以在互联网上销售的商品，可能就意味着将有更多的书店倒闭、百货店关门、超市被吞并；
- 谷歌公司每次向互联网虚拟空间投入更多便捷的新技术，现实世界的一些工作可能就会消失。

新技术一出现，旧技术就可能会被淘汰；新一代企业一抬头，传统企业（有时甚至是行业）就可能会没落。

技术的新旧更替也可能带来企业和行业的新旧更替。经济学家将这称为破坏性创新。"创新"是指技术变革和新事物的加入,"破坏"是指在竞争中失败的老旧技术和老旧企业走向消亡。

这就是本书的主要课题。

破坏性创新并不是现在才开始的。

- 自200年前英国开始工业革命以来,各发达国家都在推进工业化。成功的国家就成了发达国家,而落后的国家要么灭亡,要么吃尽苦头。
- 始于一万年前的农耕、定居的生活方式把游牧民族赶到了人类历史的角落。
- 距今大约20万年前,新人类驱逐了旧人类。

似乎回溯得有点过头了。总之,历史上几次大的变迁都伴随着技术和竞争者的新旧更替。

破坏性创新的内因

然而,失败者也并没有袖手旁观。日本的传统手机与同一时期其他国家的手机相比,性能更高,并完成了自我进化。正因为如此,这类手机被我们称为加拉帕戈斯手机[①]。2006年,当时我在美国

[①] 加拉帕戈斯是指加拉帕戈斯群岛,该群岛隶属厄瓜多尔,多样性气候和火山地貌形成的特殊自然环境使不同生活习性的动物和植物同时在这块土地上生长繁衍。这里奇花异草荟萃,珍禽怪兽云集,被称为"生物进化活博物馆"。加拉帕戈斯手机是指只在日本生产和销售的手机。——译者注

生活，我为当地手机做得不好而深感忧虑。

那些受到网络销售影响的传统型零售店铺开始自己出钱建立销售网站，或者在互联网上发布广告，但我们渐渐发现，它们消失不见了。大肆宣扬帮助公司实现飞跃式发展的新企业战略和赌上公司命运的创新管理者不在少数，但如果我们回顾一下就不禁怀疑他们到底有多认真。他们仅仅只是无能吗？他们向股东和银行说谎了吗？他们是用其他理由说明成熟企业的技术革新是相当困难的吗？

为什么上一个时代的行业领先者往往不能很好地应对新技术的挑战？

的确，这些都是商业书籍的主题，而且运气好的话，你或许还能从这些书中获得对投资有所帮助的观点。但是，无论是一个国家的经济发展，还是我们生活的水准，最终都还是取决于技术的革新。那么，

- 承担创新（技术变革）的人是谁？
- 为什么会变成那样？
- 我们（我们的公司、我们的政府）到底该怎么做？

这些重要的问题不仅与学者和管理者有关，而且与所有人有关。这才是本书的主要课题。

关于《创新者的窘境》这本书

《创新者的窘境》的作者、美国哈佛商学院的克莱顿·克里斯坦森就是这方面的专家。这本书的读者对象是一般大众，克里斯坦森在书中以硬盘驱动器行业为例，指出了老一代企业赢家在组织和心理方面存在的问题。

当时的硬盘驱动器行业正处于时代交替的过程中（如图1-1所示），所以正好成为其研究对象。克里斯坦森采访的对象都是那个时代的胜利者，所以领先企业很多。他说，领先企业都存在一个弱点，那就是拥有很多强大的客户。一般而言，这应该是可喜的，可为什么是弱点呢？

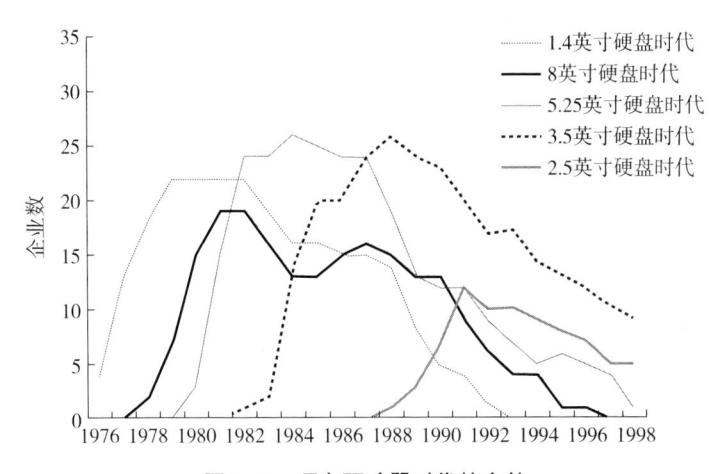

图1-1 硬盘驱动器时代的交替

资料来源：Igami（2017）。

问题是，除了那些能够满足顾客现有需求的产品，其余的产品在企业内部却成了"配角"。企业的主力产品也是市场上的主力产品，仿佛也就不存在任何问题了。但是，当面对新产品上市和推广时，这些领先企业的反应往往是滞后的。

企业的管理层中会有很多来自主力产品部门的人，他们很容易被过去的成功经历迷惑。旧时代的胜利者在其所处的时代的确是胜利者，但它们可能会止步不前，而跟不上新时代的脚步。这种在领先企业中存在的组织论和心理偏见也是克里斯坦森假说的主要着眼点。

用"因愚蠢导致失败"是解释不了的

对于那些同意以上观点的读者，我表示非常抱歉，我非常讨厌经济学家写这类故事。究其原因，我们只能说"领先企业之所以失败了，是因为管理层太愚蠢了"。

真的仅仅是因为他们的愚蠢导致了失败吗，还是看到失败的评论家擅自称他们"太愚蠢"了？

我们不能忽略后者的可能性。能力和结果的因果关系并不能如此简单地进行实证。阅读行业杂志或对管理者进行采访（这是克里斯坦森的分析方法）本来就无法完全解决实证课题。

我并不否认认真阅读行业杂志和对当事人进行采访的效果。这都是宝贵的信息来源，也是我自己经常使用的方法。我更不是否定克里斯坦森先生的著作的意义，而是正好相反。《创新者的窘境》是一本好书，尚未读过此书的人都应该读一读（在阅读本书时，即使你没有读过它也完全没有问题）。

而且，根据我自己极其短暂的职场经验，我对上文提到的组织论和心理偏见的很多方面都表示认同。

但是，即便如此，"领先企业之所以失败，是因为管理层太愚蠢了"的解释也实在说不过去。所谓的"失败者正是因为抱有导致失败的偏见才失败的"，基本都是同义反复，只不过是一种后续经济学罢了。

抬高成功者也好，将失败者称为愚蠢也好，都是一种思考停滞的表现。这种事谁都会做。

而本书则是反其道而行之：花时间踏踏实实地思考逻辑（理论）问题，认认真真地收集定量数据，然后仔细地联结逻辑和现实，试着进行真正意义上的实证分析。

我们不是为了追求新奇的结论和从现在开始就能使用的技巧，而是对思考的内容逐一进行确认后再仔细斟酌。我们想要重视这种过程，希望能通过这种方式与你分享我们的收获。换种说法就是，这样做的结果是，从明天开始，你的工作方式以及项目的企划、执行和评价方法都会比以往更加灵活。

另外，即使是那些对商业和经济没有什么兴趣的人在读完这本书后，说不定也会在世界观和人生观上发生些许变化。

本书的主要内容

或许你是这样的人。

- 明天是递交中期经营计划的截止日期,所以我很急。我只想知道结论。——一位经营企划部门的主管或顾问。
- 我已经掌握了一些经济学知识,想在阅读本书的过程中决定买不买,所以请先把本书的要点告诉我。——一位热爱学习的学生。

为了帮助这些工作忙碌而又迫切想了解本书内容的人,我决定先概述一下本书的主要内容。

从第 2 章开始,希望你能慢慢了解本书的内容。当然,这是就本书整体内容而言的。如果你遇到不懂的专业术语或者有读不懂的地方,你可以先跳过去,继续往下读。即使不考虑这些细微之处,你也一定能学到些什么。

为了让你清楚地了解有关创新的观点,首先我要介绍以下三个经济理论。

1. 替代效应

一家成熟企业利用现有技术出售现有产品,但是使用新技术和研发新产品并不意味着销售额会突然增加两三倍,这也许只是新旧产品的更新换代。也就是说,旧产品的利润只是被新产品的利润"替代"了,新产品和旧产品的利润互相侵蚀,所以利润可能不会大幅增加。

相反，对于那些新进入这个市场领域的企业而言，一切都是从零开始的。由于利用新技术做的所有事情都能使利润净增，所以人们才会更有干劲。

说得更现实一点，一旦人们已经有了一定的成就，即使做了很多新的尝试，也会因为失去了很多东西而提不起干劲。

2. 竞争效应

与替代效应相反，该理论认为，只有成熟企业才应该最先垄断新技术。如果成熟企业先于新兴企业垄断新技术，就能防止新的竞争对手进入自己的市场领域。一般而言，竞争对手越少就越赚钱，所以成熟企业应该这样做。

另一方面，对于很多新兴企业而言，即使它们顺利地获得了新技术并参与了市场竞争，能与现有的竞争对手分享市场也已经很难得了。

因此，往往是成熟企业更热衷于采取主动出击、先发制人的策略，新技术一出现就开始将它们收入自己囊中。（明明是要探求领先企业失败的原因，为什么要介绍这种相反的理论呢？因为我们想在充分考虑这种可能性的基础上突出问题的整体情况。）

Facebook 就是一个例子。我身边的朋友们不断地晒美食、晒工作、晒家庭，我打从心底感到厌烦，但他们怎么也停不下来。作为照片发布网站，Instagram 虽然先行一步，但 Facebook 通过收购消灭了这位竞争对手，或者说将其揽入了自己怀中。此外，谷歌公司还将 DeepMind 收归旗下。思科公司、微软公司和通用电气每年也都要收购好几家高科技新兴企业。

3. 企业间的能力差距

推广了"破坏性创新"这个关键词的经济学家是约瑟夫·熊彼特（Joseph Alois Schumpeter）。他在欧洲度过了自己的青年时代，并一直在积极宣扬类似"带来新技术的是充满创新精神的新兴企业"等观点。但当他在美国成了经济学界名人之后，他突然说："那时候我是很幼稚的。大企业的组织能力和研发能力是很强的。遗憾的是，年轻的创业者们迟早会消失。"

暂且不提他的人生到底发生了什么，实际上，像夏普公司、东芝这类人们认为已经没落了的成熟企业所欠缺的到底是干劲还是能力呢？令我感兴趣的是，在研发能力方面，新兴企业和成熟企业到底哪一方更胜一筹呢？

如果并列看以上三个理论，一系列的假设就会变得错综复杂，就像拔河一样。

第一，成熟企业因为利润侵蚀而被替代效应所牵制。

第二，成熟企业对未来的竞争对手所采取的抢先战略会被创新激励所驱使。

第三，在研发能力方面，成熟企业和新兴企业究竟哪一方更出色？答案不同，双方的力量平衡也会变化。

如何衡量这三个处于拔河状态的理论的力量呢？现在我们就来

探讨这个实证问题。

人们对实证分析的方法或者分析标准存在争议,每个行业、每个专业领域都有各自的做法。在经济学领域,人们通常使用以下三种方法。

1. 单纯的数据分析法

例如,在用所谓的回归分析的统计方法来探寻诸如创新的形成因素时,公式的左边是创新的变量(专利申请数、研发费用等),右边是成熟企业的虚拟变量(利润侵蚀度、领先度和开发能力等)。这样,公式左右两边的关系就可以实现数值化了。

大家可以大致记住以下公式(有个印象就可以了,不需要理解和背诵):

创新 =A+B×(企业特征)+C×(行业特征)+(统计误差)

最近很流行的数据分析方法——机器学习的原理也完全相同。

只不过这种方法存在以下两个问题。

第一,就像创新和竞争一样,鸡和蛋的关系变量实际上是不能使用的。在这种情况下,统计软件和算法计算出来的数值都是毫无意义的。这是基本原理问题,做什么都没有用。

第二,创新激励、研发能力等是无形的抽象概念,它们是不会出现在政府统计报告、上市公司财报和市场研究资料中的。所以,根本就不存在适用于分析的大数据。在这种情况下,如果不先画出理论上的"辅助线",概念本身就无法衡量。

2. 对照实验

这是一种对个别消费者和劳动者进行随机刺激,以调查其反应的方法。如果用文字描述这种方法可能会产生歧义,甚至令人感觉到危险,但这种实验在当今的日本社会经常被使用。

例如新干线(JR)东日本站台上的自动贩卖机,它们能够根据站在其前面的人的脸色来推荐苹果汁或者罐装咖啡。实际上,在它们的身后站着经济学家。

我的同事、耶鲁大学管理学院的上武康亮教授所在的研究小组正在研究这些自动贩卖机的程序,并进行了测试推荐和销售的因果关系的实验。大致出现了以下几种情形。

- 情形1:向上下班的乘客推荐了复合维生素饮料→上下班的乘客确实购买了复合维生素饮料。
- 情形2:没有向上下班的乘客推荐任何东西→上下班乘客什么都没有买。
- 情形3:推荐的效果=(案例1 − 案例2)=购买复合维生素饮料。

这种做法类似于给患者服用新药,来测试新药药效的流行病学实验的做法,非常适合以个人为对象的分析和对小规模现象的分析。

但是,本书的主题需要在全球范围内对现有企业和行业进行长期观察,所以我们无法做这样的实验。就像人生无法重来一样,或者不能在地球上进行地球变暖的实验一样,"让时间倒流,让硅谷在20世纪80年代的历史重来一遍"至少对现在的人类而言是不可能实现的。

那我们该怎么办呢？这就有了我们将要讨论的第三种方法，即模拟实验。

3. 模拟实验

为了给你留下深刻的印象，我们暂时先聊一个经济学现象以外的话题吧！

为了测试跳伞时背降落伞的效果，我们先构想一个对照实验：

- 步骤 1：让被试 A 组背正常的降落伞；
- 步骤 2：让被试 B 组背无法打开的降落伞；
- 步骤 3：让两组被试在完全相同的条件下跳伞；
- 步骤 4：看一下生存者的数量（想必是 A 组全员生还，B 组全员覆没）；
- 步骤 5：计算 A 组的生存率与 B 组的生存率之差（仅做减法）。

这个差值就是降落伞对生存率产生的效果的有科学根据的测量值。只是这种人体实验牺牲太大，研究人员的前程也会被断送。

既不牺牲人命、不断送实验者的前程，代价也很小的方法还是有的。

我们可以测量跳伞者的体型和体重，并考虑重力、高度、风向、空气阻力、着地点的地形等因素，将这些变量代入物理学模型，就能够模拟出下降的速度和模式，甚至是降落伞的效果。这就是所谓的使用理论辅助线来分析数据。具体如图 1-2 所示。

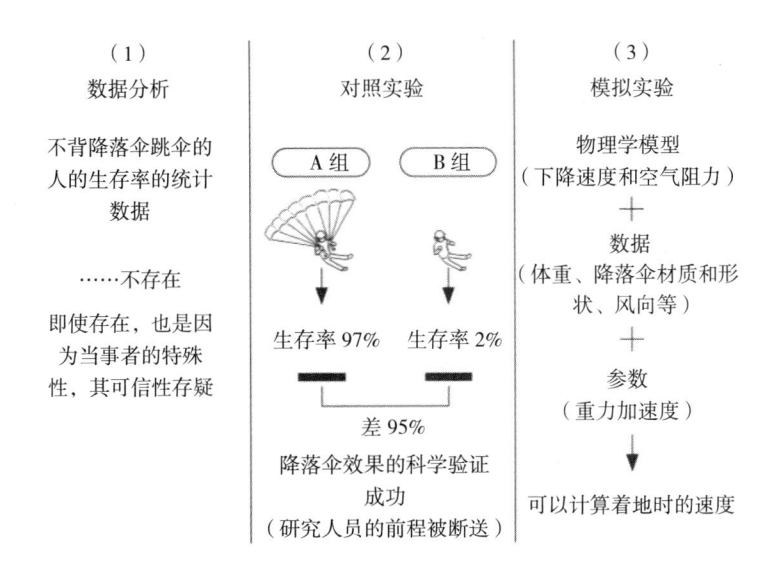

（1）数据分析	（2）对照实验	（3）模拟实验
不背降落伞跳伞的人的生存率的统计数据 ……不存在 即使存在，也是因为当事者的特殊性，其可信性存疑	A组　　B组 生存率97%　生存率2% 差95% 降落伞效果的科学验证成功 （研究人员的前程被断送）	物理学模型 （下降速度和空气阻力） ＋ 数据 （体重、降落伞材质和形状、风向等） ＋ 参数 （重力加速度） ↓ 可以计算着地时的速度

图1-2　实证分析的三种方法

和降落伞效果的模拟实验一样，本书所进行的研究也是将数据代入经济学模型（公式和逻辑集合），并在沙盘中进行各种模拟实验。

例如，和克利斯坦森一样，我们对硬盘驱动器行业的数据进行分析的结果显示，成熟企业的研发能力比新兴企业的强。也就是说，创新者的窘境与其说是能力问题，不如说是进取心的问题。

从各种模拟实验的结果来看，我们可以得出以下三点结论：

- 替代效应产生了严重的影响；
- 抢先战略的激励效果很明显；
- 就研发能力而言，成熟企业占优势。

这也就是说，即使研发能力很强，即使有合理的、战略性的策略,只要新旧产品出现替代效应,成熟企业就不会真正重视创新。

那我们该怎么办呢?

替代效应是非常有效的,反过来说,默认侵蚀的方案可能非常有效,这样做既会加快旧部门的改弦更张,也会提高新部门的成功率。这种方案可能会延长成熟企业的寿命,或许也能期待有好结果。

我们可以用一句口号来总结一下,那就是"要想在破坏性创新中幸存下来,必须进行创新性的自我破坏",或者换句话说,"置之死地而后生"。这句话就有一些禅意了。

关于个别企业的经营故事到此结束。

现在,我想请你重新考虑一下"如何是好"这一根本性的、大局性的目标设定本身。

如果成熟企业把生存放在首位,那么只要大规模地进行创新性的自我破坏就行了,但这并不能解决所有问题。相反,如果你要认真地追求企业价值最大化,那就未必要优先考虑如何生存下去这个问题。与其将股东的钱(也就是我们的钱)投入研发,还不如在适当的时候提升企业估值,然后再卖给那些一夜暴富的新兴企业,趁旧业务还有价值的时候让它们收购会更好。

此外,还有这样一种观点:要使企业全体员工的幸福感最大化。在民间,经济学家往往被视为财迷或者冷血的人,但是在古典经济学中,让人类的幸福感最大化才是最标准的、最传统的企业价值观。

最有趣的是，如果站在使社会上每个人的效用最大化的角度来计算，那现实中的硬盘驱动器行业是相对均衡地发展起来的。

并不是所有的企业都在全员进行技术创新，创新是由能做的人或者能做的公司来进行的。因此，世界似乎运转得很好，得到了现在的计算结果。

最后，我们还要稍微谈一下政府的作用。作为技术和投资的领先者，政府应该带头实施以下政策：

- 认真完善创新的环境；
- 为人人都能尝试新鲜事物创造机会（不阻碍创新）；
- 要完善社会保障机制，使创新者能够在失败的地方重新站起来。

以上内容就是本书的主要内容。

从第 2 章开始，我大体上也会采取这种写作风格。总而言之，我会通过将严肃的话题、非专业话题和专业知识进行适当的融合来完成本书的写作。

与其说这是一本学术书或者教科书，不如说它更接近一本随笔文集。

本书的结构

本书共分为 11 章，结构大致如图 1-3 所示。

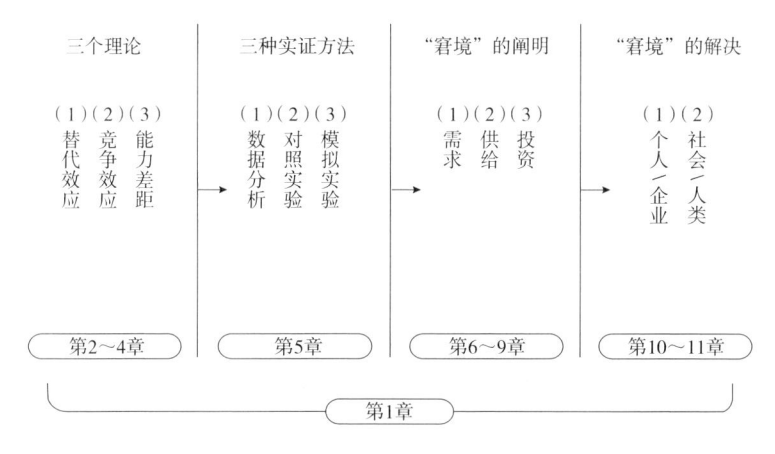

```
三个理论          三种实证方法      "窘境"的阐明      "窘境"的解决
(1)(2)(3)        (1)(2)(3)        (1)(2)(3)        (1)(2)
替 竞 能          数 对 模          需 供 投          个  社
代 争 力          据 照 拟          求 给 资          人  会
效 效 差          分 实 实                           /   /
应 应 距          析 验 验                           企  人
                                                    业  类

  第2~4章          第5章            第6~9章          第10~11章

                        第1章
```

图 1-3 本书内容的结构图

我用一个问题为本书设定了主轴,即"谁来负责创新,为什么会是他"。所以,我们先要抓住与这一点相关的三个重要理论。从第 2 章开始,我们会用三个章节的篇幅来逐一介绍这些理论:

- 第 2 章:替代效应 [理论 (1)];
- 第 3 章:竞争效应 [理论 (2)];
- 第 4 章:能力差距 [理论 (3)]。

虽然这些理论很重要,但也不是那么难理解。

正如我在前言中所说的,这本书主要是写给那些从未接触过经济学的人(或者那些在初高中不擅长数学的人)的。所以,我将通过列举一系列具体的例子(关于各种行业、企业和产品的小故事)来介绍这三个理论。

虽然我是在这些理论的基础上来分析现实世界的，但在此之前，我会先介绍一下分析的方法。

- 第 5 章：实证分析的三种方法。

我们将现实世界中的片段信息称为数据。因此，从广义上讲，所有的实证分析都是数据分析。为了便于整理话题，我们先把分析方法分为（狭义的）数据分析、对照实验和模拟实验三种。

本书的后半部分实际只使用了第一种和第三种方法，但是我们最好也事先了解一下作为证实因果关系的第二种方法。这三种方法都是在经济学领域经常使用的方法，它们不仅对企业经营有帮助，而且对个人的生活和人生也很有帮助。

一切准备就绪后，我们就要在第 6 ～ 9 章中切入正题，即对"窘境"进行分析和阐释。

我拿到了克利斯坦森收集并整理的关于硬盘驱动器行业的定量数据，并将通过三个步骤将理论和现实结合起来。

- 第 6 章：需求［分析步骤 (1)］。
- 第 7 章：供给［分析步骤 (2)］。
- 第 8 章：培养动态的思维方式。
- 第 9 章：投资和反事实假设模拟［分析步骤 (3) 和 (4)］。

分析需求［步骤（4）］和供给［步骤（3）］比较简单，因此各用一章的篇幅（第 6 章和第 7 章）。

相比之下，为了认真地分析投资［步骤（4）］，我们需要做各种准备。为了能够深入理解事物在过去、现在和未来的变化，我们需要掌握动态的（有预见性的）思维方法。在第 8 章中，我们将做好准备工作；而在第 9 章中，我们将正式开始分析，并进行模拟实验，这相当于步骤（4）。

读到这里，我们已经大概明白什么是"创新者的窘境"（为什么成熟企业不率先进行创新）了。

类似"该怎么办"的疑问会不断出现，而对这种疑问的思考将是最后两章的内容。

- 第 10 章：窘境的解决（个人 / 企业）。
- 第 11 章：窘境的解决（社会 / 人类）。

第 10 章是从个别企业以及管理者、员工和股东等个人和组织的角度来考虑这个问题的。在第 11 章中，我们会进一步扩大视角，不仅是卖方（企业），而且包括买方（消费者）在内的整个社会，甚至政府的作用都将被纳入考虑范围之内。

这本书虽然构思恢宏，而且内容听起来有点夸张，但总的来说，它还是一本读起来很轻松的书。就像我们出去郊游一样，虽然路途漫长，但只要怀着一颗轻松的心就行了。

第2章

Chapter 2

替代效应

《创新者的窘境》解读版
Estimating the Innovator's Dilemma

很抱歉，一开始我就要用一个稍显不恰当的比喻。例如，你喜欢女人。喜欢男人也没关系，你自己是男性就行，对方是女性还是中性都无所谓。这只是一个比喻而已。世界上好像有可以同时娶四个老婆的国家。但是，羡慕的人应该不多，因为每个人的时间、精力、体力和财务预算都是有限的。相处的人只要有一个（或 N 个，N 可以是任意自然数）就够了。然后，你必须选择那 N 个人，这很重要。例如，你不是特别喜欢面包，也不是特别喜欢米饭，而是喜欢天天早餐都吃麦片。中国人也好，意大利人也好，这都没关系，只是个比喻而已。

住酒店的时候，酒店的早餐一般都是自助式的，每一种食物都很好吃，而且既没有时间限制，也没有量的限制。但是，我也并没有感到有什么特别难得之处，因为我的胃是有限的。只要有卡乐比（Calbee）的格兰诺拉麦片和家乐氏（Kellogg's）的玉米片就可以了。同样的道理，你必须选择你喜欢的早餐。这很重要。

到目前为止，我们说的都是选择方、吃的一方和买方，也就是需求方的话题。在有限的人生中，我们每天都在做各种不同的选择。

那么，现在我们就来谈谈被选方、卖方，也就是供给方。世界上有喜欢金发的男人，有喜欢黑发的男人，有喜欢棕色发的男人，也有喜欢光头的男人。假设你是一个喜欢男人的适龄女子，你可能会为婚恋网站上的简历照片而苦恼。平时，你可能会染发或者不染发、留长发或者留短发，喜欢根据心情想怎么样就怎么样。但在婚恋市场上，人们都想要获得别人的好感。不管你喜欢还是不喜欢，你的发色和发型不一样，来搭讪的男人的数量和类型都会不一样。也就是说，你自己决定了配偶的选择范围。婚恋顾问如是说。

我们通常希望对方能够了解真实的自己，有这种想法固然没有问题，但不要误解了"真实"这个词的含义。如果你认为的"真实"行不通，你就必须打扮自己，提升个人魅力。[1]

很显然，你的头发不可能同时是金发、黑发、棕色发或者光头。如果你非要弄成像有四种配料的外卖比萨饼那样，或许也是可行的，但那应该算第五种发型了。总之，你同时能做的事、同时能展现的发型都是有限的。这就是个人的局限性。

替代效应的定义

那么，如果是一家大型组织，又会出现什么情况呢？假设你是美国家乐氏公司日本区域的管理者。在日本，玉米片的销售情况良好，但是如果你想晋升到美国总部的管理层，就需要在任期内使利

---

[1] 摘自三笠书房于 2015 年出版的《悬崖边的女子与年收入超过 1000 万日元的男子结婚的方法》一书。

润成倍增长。于是，你想到了推出新产品这一招。这是一个不错的想法。人们越来越重视健康，那么在玉米片中加入维生素 C 会不会让它卖得更好呢？只有维生素 C 是不够的，那就再加上维生素 B1、B2、B6 和维生素 H，最终你推出了含有多种维生素的产品——玉米片 Z。运气好的话，这款产品或许还能被日本消费者厅认定为特定保健用食品，俗称"特保食品"。将来家乐氏公司美国总部的 CEO 退休时，你就可以寄去你的简历，简历上写着"出版过畅销书《健康管理学》"。

到这里为止，这都是你头脑中酝酿的准备工作。那么，如果正式开始销售玉米片 Z，情况会如何呢？恐怕利润不会成倍增长。由于超市和便利店的卖场面积有限，所以元祖玉米片（以下简称"元祖"）和玉米片 Z（以下简称"Z"）会抢夺货架。而且，购买 Z 的人大部分都是一直很喜欢元祖的消费者，所以 Z 的销售额增加会导致元祖的销售额减少。当然，如果之前对家乐氏公司的产品不了解的消费者也买了一些 Z 的话，该公司的整体销售额或许也会小幅增长。但是新产品的开发需要资金，新的生产线也需要资金。整个公司的利润能否增长还不好说，这可能是一个胜算并不高的赌注。

这就是所谓的替代效应。元祖和 Z 是抢夺同一客户群体且相互竞争的产品，Z 的上市大体上将替代或替换元祖的市场份额。如果整个公司的利润没有增长，那么推出 Z 等新产品就完全没有意义了。

也就是说，对日本家乐氏公司而言，推出新产品 Z 的激励（动机和诱因）并没那么强烈。换句话说，对于那些已经拥有热销产品的公司而言，没有理由特意进行产品创新。

相反，对于成熟企业而言，创新容易指的是新旧产品不会产生替代效应，用经济学术语说就是新旧产品之间的替代性低。然而，一旦两种产品在市场属性和产品性能上相似，就会出现争夺同一客户群体的现象，从而导致替代效应的产生，两者之间的替代性就会变得很高。总之，替代性的高低指的是产品之间的竞争程度。

对于新兴企业而言，情况会如何呢？正如其名，新兴企业就是新加入早餐麦片市场的玩家，它们没有现成的产品在市场上销售。无论它们是创业者刚刚创立的公司，还是其他行业的老字号企业重新生产和销售早餐麦片都无所谓，最重要的是它们没有现成的产品用于销售（如图 2-1 所示）。因为没有旧产品，所以不会发生侵蚀效应。新产品卖得越好，利润就越高，因为没有失去任何以往的利润。这样一来，新兴企业就会积极参与创新，或者说除此之外别无他法。

图 2-1　美国超市中摆放麦片的货架

创新的分类

我们刚才使用了"产品创新"这个词,现在让我们梳理一下创新的类型,但也不需要那么多概念。在本书中,我们只需要区分产品创新和技术创新就行了。

产品创新是指在市场中推出像上述的玉米片 Z 那样的新产品和新服务,也包括对现有产品的品质进行升级的改良版,只是程度问题而已。

与此相对的是技术创新。技术创新是指用更少的成本来生产相同的产品,也就是说要降低生产和销售产品的成本。例如,50 年前,生产汽车需要使用比现在更多的工人,但现在,由于工业机器人被广泛使用,花在劳动力上的成本降低了;30 年前,家用电脑比现在贵得多,零件和组装费也很贵。

正如人生是有限的一样,人的时间和劳动力也是有限的,生产成本的降低对人类而言基本上是一件好事。消费者手里的钱也是有限的,如果销售价格降低,之前买不起的人现在就能买得起了,多出来的钱还可以用于其他事情。

从上述汽车和电脑的例子看,或许已经有人注意到了,这些产品不仅生产成本降低了,而且质量提高了。为了生产出更好的产品,我们需要新的生产方法和流程。因此,产品创新和技术创新有很多重叠之处。

在进行单纯的案例分析时,我们可以使用相同的数学模型来处理这两种创新。因此，当我们看到有一种长着翅膀的生物飞过时，我们可以称之为蝴蝶或者蛾，很多情况下，这顶多只是类别上的差异。

话虽如此，但为了整理思路，我们暂时还是要做出区分，要搞清楚现在所说的创新是与产品性能有关，还是与生产流程有关，或者与两者都有关。前者直接关系到消费者（即需求侧），后者主要与生产者（即供给侧）有关。需求和供给的区别是非常重要的。

供给、需求和均衡的含义

为了照顾那些没有接触过入门级经济学的人，我们先来复习一下。

- 需求是人们或企业想买多少东西，也就是买方想要的数量。
- 供给是生产方、卖方想卖多少东西，也就是卖方能提供的数量。

买方想尽可能买得便宜，卖方想尽可能卖得贵一点，所以为了使想买的量（需求量）和想卖的量（供给量）达到平衡，产品的价格必须定为正好合适的价格。

如果价格过低，就会出现想要的人很多，东西却卖不出去的情况；相反，如果价格过高，就会出现卖家明明很多，却少有人买得起的情况。

但是，这个世界是很奇妙的。如果没有奇怪的限制或者其他特殊情况，价格很快就会回落到相对稳定的水平上。我们将这个能够让需求量和供给量保持一致的价格称为均衡价格。

均衡就是平衡、相匹配的意思。

除此之外，在经济学上，大致也会出现下面几种情况：

- 买方都在买自己有利可图的东西；
- 卖方都在卖自己有利可图的东西；
- 市场上出售的东西不缺也不剩。

以上三种情况共存的状态被称为均衡。

各种事物都相安无事，所以可能不会再发生变化。这种走到尽头的状态究竟是怎样一种状态？对这种状态进行认真分析是经济学的常规研究。在本书后半部分的章节中，行业激励（时间的变化和动向）也会被我们用经过进一步拓展的均衡概念来进行分析。

话虽如此，其实我们只是对上述情况中的"自己有利可图"的概念稍微进行了强化，并分析了"自己有利可图"所需的预见性行为。详细内容请见第8章和第9章。

除了产品创新和技术创新的区分之外，还有一个经常被提到的是区分，即：

- 渐进式的（incremental）；
- 突破性的（radical）。

这两个词关注的是创新的程度是高是低，或者当时使用的技术是与以往相同还是不同。例如，耗电量比以往降低 2% 的手机是一种渐进式创新，而与燃油汽车相比，人们会认为电动汽车是一种突破性创新。

但是也有这样一种观点。实际上，在电池领域，降低 2% 的耗电量是一项划时代的发明，这在技术上可以说是一种突破性的变化；而对司机而言，如果驾驶感觉没多大变化，那么汽车是由汽油还是电力驱动的就不那么重要了，这可以说是一种渐进式的变化。

因此，在考虑现实情况的时候，我们不能认为分类的标准是绝对的和唯一的。我们首先要搞清楚自己想说的是什么，想回答什么样的问题，只有立足于这样的问题设定，人们才能着眼于应该关注之处。重要的是问题设定，设定的问题不同，运用哪些概念和区分方法也会不同。

对五颜六色的蝴蝶进行分类固然重要，但更重要的是欣赏蝴蝶或者了解它们是如何飞舞的。同时，请不要忘了自己正在追逐哪只蝴蝶以及为什么追逐它。

言归正传。如果产品之间的替代性高，就会产生替代效应，对成熟企业而言，这并没有什么好处，所以它们对产品创新也就没那么感兴趣了。

为了加深对产品之间的替代性的理解,我们来看几个具体的例子。

同质化产品

我们首先来看看替代性极高,即所有产品都完全一样的情况。比如维生素C(又称抗坏血酸),任何厂家生产的产品都差不多,即精炼出高纯度的结晶,然后根据用途分成不同浓度的产品,但这些产品在本质上都是相同的。无论哪个厂家都能生产出各种浓度的产品,这些产品被称为同质化产品。

另外,"产品"这个词在经济学上是所有物品的总称,但在本书中,我们将那些非具象的服务(比如理发、按摩、法律咨询等)都称为产品。像维生素C这样的同质化产品市场根本没有新产品上市的余地。维生素A和维生素C是完全不同的化合物,两者毫无关系。即使对维生素C进行着色加工,或者专注于产品命名也是徒劳的。维生素C的买家是那些将其作为抗氧化剂(食品添加剂的一种)来使用的食品厂家和饮料厂家(比如可口可乐公司),或者将其作为原料来使用的制药企业。对于这些固有客户而言,表面的广告和营销手段是完全行不通的。

相反,对于有些无知的消费者而言,这种教育式营销和品牌形象,即无中生有的差异化是有效的。维生素对人类健康的促进效果并没有得到科学证实。在21世纪头十年美国法庭的审判资料中,专家和生产企业都承认这个事实。尽管如此,"摄取维生素对身体有好处"的观点到今天已根深蒂固了。

如果你身边有维生素信徒，那么就请你把这个遗憾的真相告诉他。我相信，你肯定会遭到反驳，而且他还会告诉你广告推荐的产品的名称。我们不得不承认广告宣传做得很成功。这种品牌形象一旦确立，就会作为一种产品创新发挥作用。因此，你就可以直接使用本章内容了。但本书不是一本关于市场营销的教科书，我们在此就不做深入讲解了。

在同质化产品市场中，唯一有效的就是技术创新，也就是降低生产成本。20世纪90年代以前，维生素C市场被瑞士制药企业罗氏集团（Roche Group）、日本制药企业武田药品公司（Takeda Pharmaceutical）、德国制药企业默克集团（Merck KGaA）和德国化工企业巴斯夫集团（BASF SE）这四大天王所垄断。而当中国企业发明了具有划时代意义的新生产方法，即二步发酵法，并完善了生产体制后，转眼间，这些日、欧企业就被驱逐出世界市场了，因为它们只有使用一步发酵法进行生产的老设备，而且生产成本很高。这样看来，在没有差异化的同质化产品市场中，成本竞争力就是一切。

为什么罗氏集团和武田药品公司没有引入新的生产方法呢？事实上，罗氏集团早在20世纪80年代就已经从中国企业手中购买了新生产方法的专利。"我不知道这种科学新发现"或者"我没想到这种新技术会成功"之类的话纯粹都是谎言。完全相信其他管理者所说的话的学者是很愚蠢的。

人只会说对自己有利的事，所以不要根据他们说了什么，而要根据他们实际做了什么来进行判断。这才是经济学家的做法。或者应该像文化人类学者一样，亲自融入研究对象群体，并与他们进行长时间的接触。为了解释研究对象的语言和行为的真实含义，有必要认真地进行参与式观察（即加入研究对象群体并进行深入观察）。

我们还可以读一读美国经济学家、诺贝尔经济学奖获得者肯尼斯·J.阿罗（Kenneth J. Arrow）于1962年写的一篇论文。乍一看，这篇论文就是罗列了一些枯燥乏味的数学公式、只有短短几页的理论研究而已。但是，他通过这种简单的分析，用替代效应的逻辑阐释了罗氏集团和武田药品公司没有像中国企业那样走出技术创新之路的原因。

我们从我在华盛顿特区地方法院的资料库中找到的美国民事审判资料（约有4000家企业对被确定违反《反垄断法》的日、欧跨国垄断集团要求赔偿损失）中发现：

- 20世纪90年代以前，罗氏集团使用旧的生产方法所生产的维生素C，每一千克的全球统一价格为10美元，生产成本为5美元，所以利润为 10 − 5 = 5 美元；
- 我们不清楚中国方面的数据，所以假设东北制药总厂（现东北制药集团股份有限公司）使用新生产方法的生产成本降为2美元。罗氏集团、武田药品公司和东北制药总厂都是在相同的世界市场中销售相同的维生素C，所以东北制药总厂的售价也是10美元，也就是说，利润高达 10 − 2 = 8 美元。

对新兴企业东北制药总厂而言，这 8 美元完全是净增利润。

现在，让我们来考虑一下成熟企业的得失。

如果罗氏集团引入新的生产方法，生产成本就从 5 美元降至 2 美元，利润为 10－2＝8 美元，净增利润也只有 8－5＝3 美元，而使用旧的生产方法，利润为 5 美元，所以利润净增的幅度很小。

换句话说，在使用新技术赚到的 8 美元中，有 5 美元只是把原来使用旧技术也能赚到的利润重新用新技术赚回来了。也就是说，只是"替代"了新技术带来的相同利润。

引入二步发酵法也会提高成本（比如淘汰旧设备、购买新设备和更换人员等），对于像罗氏集团和武田药品公司这样的企业而言，改用新技术的好处并不突出，也许这种经营判断也是合理的。

这就是阿罗教授所说的替代效应。

成熟企业是既存企业，所以创新带来的额外利润会较少。

垂直差异化产品

与同质化产品相比，替代性较低的还有垂直差异化产品或者品质差异化产品。比如，相当于计算机大脑的中央处理器（CPU）和半导体芯片。很少有人在意半导体芯片的颜色和名称，而 CPU 则是处理速度越快越好，内存容量越大越好。这就是大家都认可的明确的品质标准。因此，越是高品质的芯片，价格就越高，越是低品质的芯片，价格就越低。这就是产品品质带来的差异化。最高品质的芯片不一定会把所有其他芯片都驱逐出市场。除了那些无论如何都要在网络游戏中获胜的游戏成瘾者以及那些为了研究需要反复进行高速计算和统计处理的经济学者以外，需要高性能芯片（以及搭载这种芯片的计算机）的人并不多。如果只是用于收发电子邮件、使用社交网络服务以及制作电子文档、电子表格和幻灯片等，5年前、10年前的旧芯片就足够用了。

市场上的技术创新既包括产品创新（生产出更高品质的产品），也包括技术创新（用更低的成本生产相同品质的产品）。

作为产品创新的例子，英特尔公司的CPU和三星公司的闪存到目前为止是最先进的产品。

至于技术创新，我们也可以举出通过改善成品率（降低产品缺陷率）和学习效果（在持续做同一个产品的过程中掌握降低成本的诀窍）来提高生产率的例子。

此外，即使生产方法本身是相同的，但如果能廉价买到二手设备，并且把工厂建在像越南、哥斯达黎加这样人力成本低的发展中国家，或者像爱尔兰这样公司税费较低的发达国家，并且在那里生产、销售产品的话，总体成本也会下降。这些手段通常会在包括设备投资的海外业务（狭义的海外业务）和向海外客户发包在内的供应链管理领域中被提到，但其本质就是降低总体的生产成本，这就是技术创新。

英特尔公司的CPU从30年前开始就一直称霸全球市场，三星公司的存储器业务也长期保持着强势的劲头。从这个意义上说，这些都很难适用于"创新者的窘境"这一模式。

为什么会这样说呢？首先，最尖端的半导体生产设备价格昂贵，特别是投影曝光系统[①]和蚀刻系统[②]。这些都是高难度的技术，一台这样的生产设备价值数十亿日元。

即使这些设备都买齐了，也不是谁都会使用的。要想设计出理想的电路、实际制造出芯片，并减少缺陷产品，就需要重新调整生产工序或者改良电路……这样的慢工细活是必不可少的。但是，能够为此逐步积累技术经验的也只有成熟企业了。无论有多少资金、野心和想法，这个领域也不是一朝一夕就能够进入的。

也就是说，在这样的市场中，在资金、人才和知识方面的进入壁垒是非常高的。产品品质竞争和设备投资竞争的结果是实质性进入这个领域的壁垒在逐年提高。因此，垂直差异化产品方面的创新在相当长的一段时间内都是由那些处于领先地位的成熟企业来承担的。

尽管如此，也会出现市场侵蚀和替代效应（也许不那么明显）。

例如蛙跳现象，也就是几家领先企业交替销售最尖端的产品的模式。现在，提供最高品质产品的企业可以稍微休息一下，由排在后面的2号和3号企业推出下一代最高品质的新产品。依次反复，

---

① 只有荷兰的阿斯麦（ASML）公司以及日本的尼康公司和佳能公司能够生产。
② 只有美国的拉姆研究公司（Lam Research Corporation）和应用材料（Applied Materials）公司以及日本的东京电子（Tokyo Electron）公司和日立高新技术公司能够生产。

不断循环。

蛙跳现象类似于上文提到的生产维生素 C 的技术创新。引入新技术的不是世界顶尖的日本和欧洲的生产商，而是后发制人的中国国有企业。两者的情况是相同的。新玩家（此处指 2 号和 3 号企业）没什么损失，它们更能积极地引入新技术，因为这样做所带来的利润净增幅度很大。

虽说英特尔公司在 CPU 市场独占鳌头，但也并不是说市场上就没有死角了。在过去 50 年中，支持 CPU 的计算速度和内存容量不断提高的是被称为"摩尔定律"的经验法则。它的内容是，随着制造设备的改进，半导体芯片可容纳的晶体管数量大约每两年就会增加一倍，这是一种惊人的进步。如果电子的移动距离变短，CPU 的计算速度就会相应提高，相同大小的芯片所存储的信息量也会增加。但是，这个经验法则正面临物理学的限制，整个计算机行业正趋向于通过灵活应用 CPU 以外的电子部件来改善产品的综合性能。

图形处理器和人工智能

图形处理器（GPU）是一种可以进行图形处理，并且可以同时成批处理一个个单独运算的半导体芯片。它虽然不能以 CPU 那样的速度进行复杂的计算，但是可以专门用于图形处理等。它不仅提高了执行速度，而且其用途也不会局限于静止图像和动画这种狭义的图形处理。

下面我们要介绍的内容虽然与正题关系不大，但与 GPU 有关。

所谓的"机器学习"就是以数据分析为主的计算机科学方法。其中，近年来获得显著发展的深度学习和强化学习等都可以同时处理一个个的单独运算（比如被称为"叠加"的加法层和乘法层，以及使用被称为蒙特卡洛方法的算法进行数值计算）。因此可以说，这个领域是受益于 GPU 性能的提高和并行计算的发展。由谷歌旗下的 DeepMind 开发的第一个击败人类职业围棋选手、第一个战胜围棋世界冠军的人工智能机器人阿尔法围棋（AlphaGo）和日本程序员山本一成设计的 PONANZA 机器人都是这种技术发展的成果。

在半导体芯片领域，GPU 与 CPU 一样，都是半导体产品。但是在 GPU 市场上独占鳌头的并不是英特尔公司和三星公司，而是英伟达（NVIDIA）公司。该公司的强项在于芯片设计，而芯片的生产制造则委托给了中国台湾积体电路制造股份有限公司（TSMC，以下简称"台积电"）这家大型的专业制造商。这是一种不进行巨额设备投资的战略。所以，该公司不用像英特尔公司那样把工厂迁移到海外，而是将生产等外包给海外企业。

在 CPU 等成熟的品质竞争市场中，专注于芯片设计的无工厂方式未必是上策。而跨越设计流程和生产流程的企业内部各部门间的紧密合作所带来的生产率的提高，也可能成为成本竞争力的源泉。正因如此，像英特尔公司和三星公司这样的垂直整合体系才发挥出了巨大威力。

但是，对于技术和需求流动性大、水平差异化占优势的市场（比如英伟达公司的专业 GPU、高通公司擅长的手机芯片等）而言，这种无工厂方式是有效的。

这不是如何大量、高效且廉价地生产相同产品的竞赛，而是如何快速应对多种用途和需求的比赛，所以贴近客户需求和研究技术发展趋势的能力，以及将创意转化为设计的速度和精准度才是最重要的竞争力。在这种情况下，对整个行业的供应链而言，将工厂和生产设备投资委托给专业企业（比如像台积电这样的专业代工企业）的专业分工方式非常有好处。20 世纪 90 年代兴起的台积电等专业制造服务商对英伟达公司和高通公司等专业设计企业的成长是非常有帮助的。也可以说，半导体行业的进入壁垒部分降低了。就连英特尔和三星这样的公司也无法高枕无忧地站在半导体行业的最前沿。

日本半导体行业衰落的原因

顺便说一下，无论是垂直整合还是专业分工，20 世纪 90 年代之后的日本半导体企业既无法主导潮流，也无法顺应新潮流（唯一例外的可能是东芝公司的存储器业务）。21 世纪初期，日立集团、日本电气股份有限公司（NEC）和三菱电机集团的半导体业务分别被尔必达（ELPIDA）公司和萨瑞电子（Renesas Electronics）公司整合到名为日之丸半导体的控股公司旗下。

我只分析了过去 25 年全球半导体工厂的数据，这些名义上进行了合并的日本企业仍然只是散布在日本各地的几十家小型工厂，它们生产混乱，而且长期亏损，完全没有像英特尔公司和三星公司那样进行集中的设备投资。大多数毫无意义的工厂浪费了大量的资金，使得日之丸半导体以及日本的半导体行业就这样衰落了。

分析企业和行业失败的原因是一项令人沮丧的工作。从数据推测，衰落的原因有以下三点。

第一，不想关闭本地工厂和国内工厂是一种缺乏远见的表现。

第二，跟不上世界的技术发展趋势（根本认识不到自己的无知），却自以为是地抱有只要政府出面或者注入资金就会有解决方案的想法。

第三，只了解20世纪80年代以前（当时日本还是发展中国家）的经营策略的那一代成了最高管理层，并且他们始终坚持毫无意义的努力。

水平差异化产品

我们还是回到产品之间的市场侵蚀、替代性和替代效应的主题上，继续谈谈 GPU 和芯片案例中提到的水平差异化。

使用那些易懂且大家都认可的评价标准就能比较出垂直差异化产品的品质好坏。但是在很多市场中，特别是在个人消费者购买的最终产品和服务方面，差异化是多种多样的。

我们以饭团的配料为例。我比较喜欢梅干和明太子，而我的助手则比较喜欢干木鱼花和金枪鱼蛋黄酱。假如我是卖饭团的老板，我无法向助手证明梅干比金枪鱼蛋黄酱好吃。

这就是所谓的"萝卜青菜，各有所爱"。

例如早餐麦片。吃早餐时，我喜欢草莓慕斯卷和巧克力泡芙，而我的助手喜欢枫糖核桃燕麦片，但是我们两个人每天早上都吃玉米片。在这些产品之间讨论品质高低简直就是在浪费时间。因此，麦片可以被视为一种水平差异化产品。这个市场上有各种各样的产品，产品间的替代性，即一种产品能覆盖多少市场、无法覆盖多少市场的关系是极其复杂的。

玉米片和玉米片Z非常相似，所以替代性较高，可能产生强烈的替代效应。而玉米片和枫糖核桃燕麦片没什么相似性，替代性较低。因此，即使家乐氏公司推出了麦片系列的新产品，也不会与玉米片产生竞争，替代性也较低。

这样，对家乐氏公司而言，它们不会对推出玉米片Z感兴趣，而是会不遗余力地推出麦片类的新产品。

图2-2显示了关于差异化产品的内容。

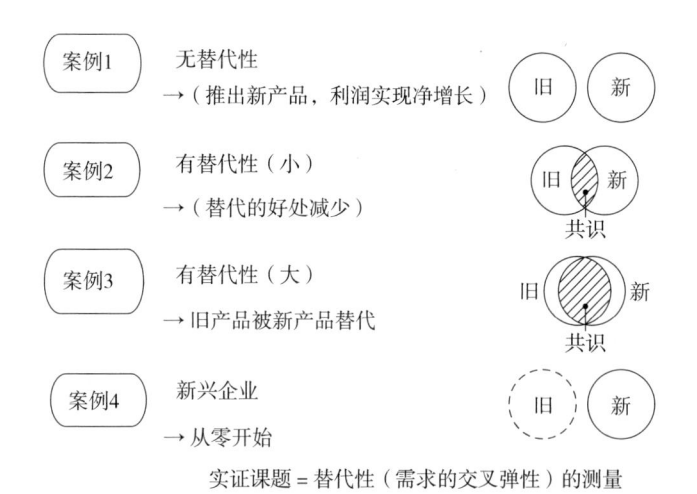

案例1　无替代性
→（推出新产品，利润实现净增长）

案例2　有替代性（小）
→（替代的好处减少）

案例3　有替代性（大）
→旧产品被新产品替代

案例4　新兴企业
→从零开始

实证课题 = 替代性（需求的交叉弹性）的测量

图2-2　需求的替代性对创新动机产生的替代效应

虽然相对简单明了，但是我们还是可以看出，产品的特性一旦重叠（角色覆盖），替代性就高了，替代效应也会变强，新产品的收益也就减少了。

到目前为止，我们都是用"相似""角色覆盖"等这种直观的说法来表述替代性，可能有人会觉得经济学家的表述都很模糊。乍一看，替代性的概念是主观的、模糊的，但实际上，我们能够根据数据严格地计算出替代性，大家可以阅读一下专门介绍数据分析的第 5 章和第 6 章。总之，替代性和替代效应都可以根据数据计算出来。

本章的目的只是介绍替代效应，所以先将数据分析放在一边。我们再举一个水平差异化的具体例子。

水平差异化的应用案例：地理差异化

如果在地图上逐个标出连锁店和餐厅（比如便利店、家庭餐馆等）的位置，它们之间相距很近还是很远就会一目了然。它们在车站前的商业街上，还是在十字路口处？还是在购物中心里？这些地段的特性很重要。顾客是徒步还是开车？他们的移动距离和到这些地方的时间也会不同。但大致来说，应该是距离近的店铺会互相竞争，距离远的店铺就不大可能出现竞争。

星巴克咖啡、麦当劳和 7-11 便利店会在同一个区域开设多家分店。零售业界有"商圈人口"的说法，简单地说就是这个区域住了多少消费者就有多少需求，也就是要在合适的地段或者建筑物里开店。另外还有"零售业最重要的是选址"的说法。

即使是在人口密集区域，如果 1 号店、2 号店、3 号店陆续开张，迟早也会发生互相争夺相同客户群的现象。这就是竞争效应的地理性案例。

例如，对于住在日本东京都世田谷区喜多见九丁目的我而言，小田急电铁小田原线喜多见站周边的全家便利店（FamilyMart）和 7-11 便利店之间的替代性很高，因为这两家店都离我很近。

另外，如果要到隔壁车站——成城学园前的站前商业街，就必须乘电车或者骑自行车爬一段上坡路。

喜多见站前的 Summit 商店和成城学园前站前的成城石井超市在地理位置上有差异，所以替代性较低。另外，Summit 商店是面向一般大众的，而成城石井主要是面向对生活品质要求较高的人的，它们在商品品质和价格方面也有垂直差异。对于居住在喜多见的老百姓而言，这两家店之间毫无替代性。

成熟企业和新兴企业的创新机制也完全适用于零售业开店。7-11 便利店在喜多见九丁目开 2 号店的利润会很少，因为旁边的八丁目已经有了一家店了。但是，对于还没有在这个区域开店的罗森（LAWSON）便利店而言，也许还有在九丁目开 1 号店的余地。如果是这样的话，对于九丁目的人们而言，走半分钟就能买到美味的梅子饭团和明太子饭团的美好未来也许就在眼前。

在便利店的开店战略中，7-11 便利店在同一区域集中大量开店的战略（日本零售业称其为占领式开店战略）是非常出名的。尽管会与已有的店产生替代效应，为什么还要密集地开新店呢？这是因为只需一辆卡车就可以高效地运送商品，这就解决了物流费用的问题，另外这也有在前景较好的区域抢先压制住竞争对手的考虑。这就是抢先战略。

在第 3 章中，我们将介绍替代效应反过来也是促使成熟企业进行创新的主要原因。让我们先谈谈先发制人的攻击。

第3章
Chapter 3

竞争效应

请再次原谅我一开始就使用这样一个残酷的比喻。假设有两个年轻人同时爱上了房东家的女儿。一个年轻人的名字是K，他是一个古板的人。有一天，他偷偷地向另一个年轻人（他的名字是"先生"）透露说自己正苦苦暗恋着那个女生。"先生"知道了K的爱慕之心后心中暗想："我要在K不知情的情况下把事情搞定。"

"先生"下定决心后就对房东太太说："请把你的女儿嫁给我吧。"房东太太立刻答应了他。于是，两个人决定结婚。K听说这件事后自杀了。他在给朋友的遗书中写道："我是个懦弱的人，已经看不到继续生活下去的希望了。"

这就是竞争效应或者先发制人的进攻。

对所有人而言，赢总比输好。如果你玩的是先下手为强的游戏，你肯定会毫不犹豫地先发制人，即使需要花钱，你肯定也会心甘情愿，因为在这种游戏中，下手慢就意味着死亡。

顺便说一下，在日本作家夏目漱石的小说《心》中，本应该是胜利者的"先生"最终也自杀了。也就是说，人生是一场没有胜利者的游戏……虽然会有如此凄惨的下场，但是我们还是应该忽略人类内心的这种微妙之痛，努力向前冲。

先发制人

在这样先发制人的游戏中，参与者只要比别人快一点，或者投入更多的钱就可以获胜。而那些因为某种理由速度慢或者缺钱的玩家是不可能获胜的。从这个意义上说，年轻人 K 一开始就注定会失败。

实际上，我的研究也是在与另一个进行相同研究的学者团队竞争。碰巧，正当对方的带头教授忙于其他事情时，一个没有名气的学生（也就是我）发表了一篇学术论文，抢先了一步。

到目前为止，现实中很少出现在某个行业中只有一家公司胜出，而其余公司全部倒闭的极端情况，但我们可以想象一下与之相近的情形。

比如，在过去 10 年间兴起的计算机技术中，有一种被称为深度学习的技术。比起国际象棋和中国象棋，围棋是一种更复杂的智力游戏。2015 年至 2017 年，名为阿尔法围棋的人工智能机器人在与世界冠军们进行的围棋比赛中获得了全胜，其工作原理就是深度学习的数学和统计模型。它的开发者是谷歌旗下的 DeepMind 公司。为了收购总部设在伦敦的 DeepMind 公司，谷歌和 Facebook 两家公司都与其进行了收购协商。2014 年，DeepMind 公司最终以 5 亿美元（按照当时汇率计算是 500 亿日元）的价格被谷歌公司收购。在遥远的未来，深度学习技术究竟有多么重要，以及对谷歌公司而言，将 DeepMind 收归旗下有何好处，我们现在都无从知晓。但是，如果将来由于技术欠缺（因为没能获得 DeepMind 公司）而导致

Facebook 公司倒闭的话，那么这场收购战就是一次决定生死的竞争。

因此，这是一个会让人捏一把汗的话题。从某种意义上说，这种比赛谁能获胜，单纯取决于速度、能力、资金或者运气，在经济学上没有进一步探究的余地和趣味性。

如果你也面临同样的比赛，那就请你努力收集信息，尽量发挥你的能力吧。为了在接下来的比赛中取得胜利，最好事先储备好所有的资源，比如资金以及政治、法律和道义上的正当性资源。另外，请不要认为竞争对手会在同一个赛场上按照我们所想象的情况与我们竞争。不战而胜才是上策，了解竞争对手为此进行了哪些准备并做好应对，才能争取在更大的赛场上获胜。关于先发制人的游戏，这是我唯一能做的分析和建议。

现在不是悠闲地等待经济学家讲道理的时候。我们应该好好干，取得胜利（即使还是输了，也要适当放松一下，为下一次比赛做好准备）。

成熟企业和新兴企业

现在让我们来分析一下更微妙的情况。如果新技术没有那么强大的威力，使用新技术生产的产品充其量与现有的领先企业的产品拥有同等水平的品质会如何呢？作为一家互联网搜索引擎公司，谷歌公司在 2018 年以前一直处于领先地位，像微软 Bing 这些排名第二以及之后的公司几乎都可以忽略不计（很多人都这样认为）。现在，我们假设麻省理工学院的天才工程师团队和该校的客座副教授、不知名经济学家伊神满正在开发的下一代搜索引擎 Gogoole 即将完成。

我们再假设 Gogoole 成功参与了市场竞争，在全球搜索引擎市场上与谷歌平分天下。乍一看，各种业务看起来正在实现多元化，但谷歌公司的主要收入来源是与搜索相关的广告推广业务。为了在谷歌搜索上登载广告链接，企业客户和个人必须支付一定的广告费用。

如果谷歌公司在搜索市场中一家独大，那么它的价格谈判力就会很强，就会形成垄断价格（对谷歌公司而言，这是最合理的价格）。这样一来，处于领跑状态的谷歌公司的收入就会变成：

垄断价格（贵）× 全球的在线广告需求（多）

这样一来，谷歌公司不仅定价很高（比如每条广告 100 日元），而且还将垄断所有的客户（比如 10 亿人），这非常诱人。

如果搜索引擎 Gogoole 进入市场，那么全球搜索市场就由两家公司来分享了，简单地说就是谷歌公司和 Gogoole 公司各一半客户（比如 5 亿人）。但是，事情不会如此简单。现在，两家公司的搜索服务会出现竞争。对于广告推广方而言，既可以选择谷歌，也可以选择 Gogoole。选择变多，客户的谈判力也会变强。比如，客户会对谷歌公司的销售人员说："选择你们公司的话，每条广告要花 100 日元，太贵了，而 Gogoole 只要 50 日元。那我还是选择它吧！"

简单地说，假设 Gogoole 进入市场后，每条广告的价格真的降至 50 日元，这样一来，谷歌公司的垄断就会被打破，而形成两家公司一起垄断的局面。这时，谷歌公司的收入会减少一半。这是因为客户人数减少了一半（10亿变成5亿），价格也变为原来的一半（100日元变成50日元）。

计算一下，由于Gogoole公司的加入，谷歌公司受到的损失相当于其在垄断时期的收入（10亿条×100日元=1000亿日元）和在两家公司垄断时的收入（5亿条×50日元=250亿日元）的差额。也就是说，谷歌公司损失了750亿日元。

反过来，对于谷歌公司而言，有必要投入750亿日元的预算来采取行动，以阻止Gogoole进入这个市场。比起维持垄断地位，这点战略性投资还是便宜的。

那么，谷歌公司应该如何使用这笔预算来阻止Gogoole进入市场呢？第一个方法是可以考虑购买麻省理工学院团队的专利。

第二个方法是收买麻省理工学院团队的核心人物，比如经济学家伊神满，这也是一种省钱的战术。虽说这几年美国经济学家的工资大幅上涨，但如果开出5亿日元年薪的话，谷歌公司将他挖走还是很容易的。据传闻，有些经济学家会受到金钱的驱使。

第三个方法是进行幕后操纵，比如与政府相关机构和部门以及政治人士进行沟通（游说活动），制定进入互联网搜索市场的审批流程，也就是把进入门槛抬高，让审批流程变得复杂。这种情况也是有的。

或许有人会惊讶，为什么要推荐这种不太正当的手段呢？事实上，无论是哪个国家、哪个时代，这都是人们经常使用的策略。盐和烟草的专卖制度就是为了提高税收而人为垄断的制度。专利制度也只是英国国王帮助其偏爱的商人赚钱的一种特权（反过来说，即使是出于光明正大的目的，所有的审批也都会产生特殊的权利，这一点是应该注意的）。

那么，Gogoole 公司应该如何应对呢？Gogoole 公司是一家新兴企业，所以在进入市场之前，它没有收入（0 日元）；而实际进入市场时预计会有 250 亿日元（5 亿条 ×50 日元）的收入。也就是说，Gogoole 公司只要想办法获得 250 亿日元的预算并成功进入市场，那么它暂时就可以实现盈利了。如果能敲开硅谷和麻省理工学院附近的风险投资基金的门，或许就能筹到这笔投资资金。

但是，谷歌和 Gogoole 两家公司在进入（或阻止进入）市场方面所需的预算是有很大差别的。

对于谷歌公司而言，要想阻止新兴企业进入市场就必须要筹集 750 亿日元的资金。而对于 Gogoole 公司而言，成功进入市场只需要投资 250 亿日元。这并不是说成熟企业和新兴企业之间存在资金实力和信用实力的差距。这不是能力问题，而是进取心的问题（我们将在第 4 章介绍能力差距）。

与市场结构相关的竞争效应支持着成熟企业的领先创新

使谷歌和 Gogoole 两家公司在市场进入（或阻止进入）方面产生进取心差异的是与市场竞争度（或市场结构）相关的非对称性因

素。对谷歌公司而言，垄断是其绝对不想失去的地位。

另一方面，对 Gogoole 公司而言，在成功进入市场后，自己充其量只是双寡头垄断中的一员，大可不必为此赌上性命。图 3-1 清晰地总结了上述内容。

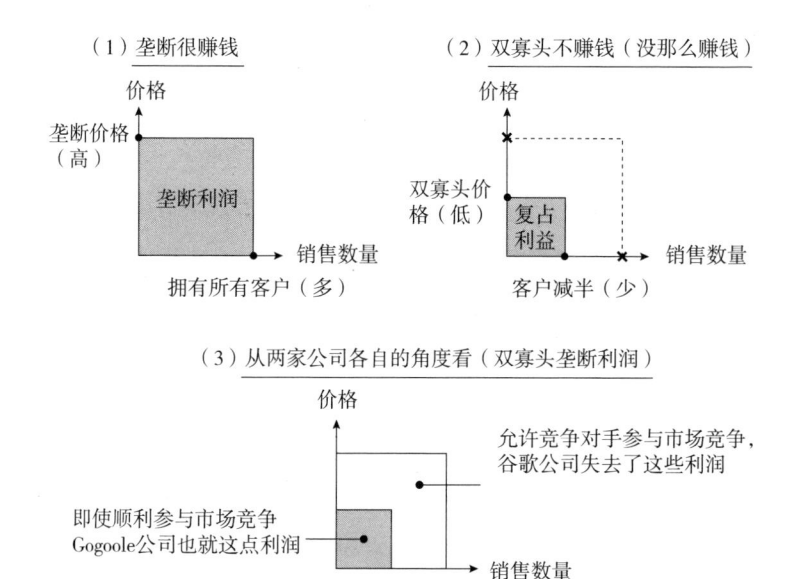

（1）垄断很赚钱

价格
垄断价格（高）
垄断利润
销售数量
拥有所有客户（多）

（2）双寡头不赚钱（没那么赚钱）

价格
双寡头价格（低）
复占利益
销售数量
客户减半（少）

（3）从两家公司各自的角度看（双寡头垄断利润）

价格
即使顺利参与市场竞争
Gogoole公司也就这点利润
允许竞争对手参与市场竞争，
谷歌公司失去了这些利润
销售数量

图 3-1　垄断和双寡头垄断的利润是完全不同的

总之，作为成熟企业，谷歌公司将因竞争对手的加入而失去更多利润，所以它会拼命守住垄断的地位。这种决心会与新兴企业 Gogoole 那种平和的心态形成极大的反差。

读到这里，你可能会认为，在第 2 章中谈到替代效应时，我的观点是"成熟企业的损失会很大，所以它们不会认真对待创新",而在本章中,我的观点却是"成熟企业的损失会很大,所以会认真维护其垄断地位"。如果只看字面意义,这可能有些自相矛盾。你可能会想,成熟企业对创新的态度究竟是认真还是不认真?

其实两者并不矛盾。为此,我还要重申以下两个要点。

- 替代效应:成熟企业会因引入新技术而失去很多,所以不会认真对待创新。
- 竞争效应:成熟企业会因自己不引入新技术、却允许新兴企业加入市场而失去很多,所以会很认真地维护其垄断地位。

也就是说,替代效应和竞争效应并不矛盾,只是着眼点不同。前者关注的是成熟企业内部的新旧业务互相竞争,后者关注的是成熟企业与其竞争对手的竞争。

成熟企业和新兴企业互相打听对方的态度和对峙的状况是博弈论的分析,也正是竞争效应的精髓。20世纪80年代,博弈论被广泛(不完全)运用于竞争分析,对领先创新和竞争进行的理论研究也是其中的重要一环。我将在本章的后半部分介绍基于博弈论的竞争分析。

尽管如此,我们还是要继续探讨这个关于数字和逻辑的稍显沉重的话题。在深入理论分析之前,我会再举几个具体的例子。

Facebook 和 Instagram

Facebook（以下简称 FB）深受大众喜欢，可我不那么喜欢它。我的嫉妒心很强，所以不想听别人自我吹嘘的那些话。话虽如此，但要是被别人抱怨或者举报的话，我还是会不高兴的。选举活动、社会活动总有一种强加于人的感觉，广告宣传也可能会让人摸不到头脑。市场研究人员和 FB 的机器学习工程师到底在做什么呢？

我自己吹的牛经常会在我的脑海中出现。虽然知道有 80% 的可能会不愉快，但我还是会不经意地去看别人的帖子。

这么看来，FB 的工程师的工作可能还是卓有成效的。Twitter 和其他社交网络软件也一样。10 年前，FB 用户不像现在这样喜欢上传很多照片，但那时已经有征兆了。作为以上传照片为主的社交网络软件，Instagram 的人气一直在上升。当时，尽管这两家公司都是硅谷的创新型企业，但 FB 已经是一家成熟企业了，而 Instagram 则是一家新兴企业。提供这项新技术、新服务的 Instagram 可能会成为威胁 FB 的存在。之所以说"可能"，是因为后来 Instagram 不再是一家独立的企业。作为成熟企业的 FB 动作迅速，于 2012 年以 10 亿美元（按当时的汇率大约 800 亿日元）收购了 Instagram。当时，投资 Instagram 的风险投资公司曾预测该公司的价值为五亿美元。FB 相当于支付了两倍的价格。很多人对 FB 创始人马克·扎克伯格的这一决定持怀疑态度，他们认为会再次出现高科技泡沫。

但是，根据替代效应和竞争效应，我们应该能想象出阻止新兴企业进入市场（或将其揽入怀中）有多么重要，也就能理解为什么扎克伯格愿意支付 800 亿日元来收购 Instagram 了。对于一家新兴企业而言，这可能只不过算得上是一个"还过得去"的事业，但是对于那些有可能因其进入市场而失去巨额利润的成熟企业而言，这是一个无论如何都要扼杀在萌芽状态的威胁。

除此之外，FB 还进行了一些大型收购。随着越来越多的中老年人成为 FB 用户，孩子们开始寻找父母看不到的游乐场，其中之一就是聊天软件 WhatsApp（于 2009 年发布）。你或许已经预料到接下来发生的事情了。2014 年，FB 以 19 亿美元（按照当时的汇率计算）收购了 WhatsApp，并将其纳入旗下。这次收购刷新了当时创业企业收购金额的历史最高纪录。本章开头提到的谷歌公司与 FB 之间针对 DeepMind 的收购战也发生在 2014 年。基于以上分析，我们是否就能够更深地理解其深层意义了呢？谷歌公司成立于 1998 年，是一家规模比 FB 更大的成熟企业。由于新技术的出现和新兴企业的兴起，谷歌公司因此失去的利润会比 FB 多得多。

每年会收购大量新兴企业的知名公司还有思科系统公司（Cisco Systems，以下简称思科公司）、微软公司、通用电气公司。在第 10 章中，我们将介绍思科公司的收购手段。

说到通用电气公司，我们现在已经不知道它到底是一家什么样的公司了，它涉足了多个行业，也不再是一家高科技公司了。如果要使用本章的某些观点来介绍它，可能有些牵强，因为当涉及多元化发展和跨行业并购时，与其说收购是对成熟企业的激励，倒不如说它只是一种进入新市场的手段。因此，我们要根据上下文的内容来区分一家公司到底是成熟企业还是新兴企业。

我在第 2 章中提到过，在使用专业术语之前，你首先应该明确自己的问题是什么，而且千万不要忘记这个问题。为了回答这个问题，我们还必须好好思考要从哪些角度、使用哪些理论来入手才是有意义的。只有这样，我们才能够判断对现实的企业和市场使用哪些术语和概念才合适。在某种程度上，如果我们不了解概念和思维模式，就根本无法回答合乎逻辑的问题，两者之间是需要平衡的。

不完全竞争的博弈论

到目前为止，本书中出现的都是完全垄断和双寡头垄断这两种市场结构，以及成熟企业和新兴企业这两种市场玩家。当某个行业中主要企业的数量较少时（比如 5 家或 10 家以内），竞争对手的任何做法都会给彼此带来损失或者使彼此获利。我们将这种情况称为博弈论或者不完全竞争。顺便说一下，不完全竞争的反义词是完全竞争，各种经济学教科书中最早出现的词汇大概就是它了。在完全竞争的市场中，企业根本就不需要关注竞争对手和自己的战略，因为这是一个挤满了无数家小而弱的企业、利润为零的地狱般的市场。在这个市场中，企业根本就没有价格决定权。

但是，世界上几乎所有的行业中都有一些大企业，它们每天都在市场中交锋。另外，即使有很多中小企业和个体户，也会让人觉得是无数玩家挤在一起的完全竞争情况，但是，如果你着眼于个别城市或行业就会发现，其实真正存在竞争关系的对手并不多。例如，我们在第 2 章提到的世田谷区喜多见的超市和旁边的成城学园的超市，实际上它们并不存在竞争关系。

总之，世界上大部分的竞争都是不完全竞争，如果不使用博弈论，我们可能就无法进行准确分析。入门级的经济学是不会教授这些内容的，即使你学了也会很快忘掉。就算你下定决心去商学院学习，能够深入讲解不完全竞争等内容的课程也很少。因此，即使是那些拿到了工商管理硕士（MBA）学位的人，他们对竞争理论的理解和应用水平与经济学系大二的学生相比也差不了多少。

民间一直流传着"经济学理论与实际相脱节"的说法，其实这是对经济学的一种误解。因为，如果你是一位具有实干能力的理论家或者对理论敏感的实干家，那么你就能够清晰地描绘出理论与实际之间的密切关系。

幸运的是，在读过本章之后，比起那些不知道不完全竞争理论的人，你能够获得更好的世界观。虽然这不能保证你一定能拥有幸福的人生，但学了肯定有好处。

本书并不是一本专门介绍博弈论的教科书，所以我在此只做一些粗略的说明，让大家能够了解具有代表性的不完全竞争模式的精髓。

法国数学家的"竞争对手越少越好"

不完全竞争的意思是在现实市场中，竞争对手越少越好。当然也有很多例外，但我们首先要牢牢记住这个普遍性理论。

竞争对手多了，利润就会减少。图 3-2 展示了关于利润与竞争度的关系的两个典型模式。

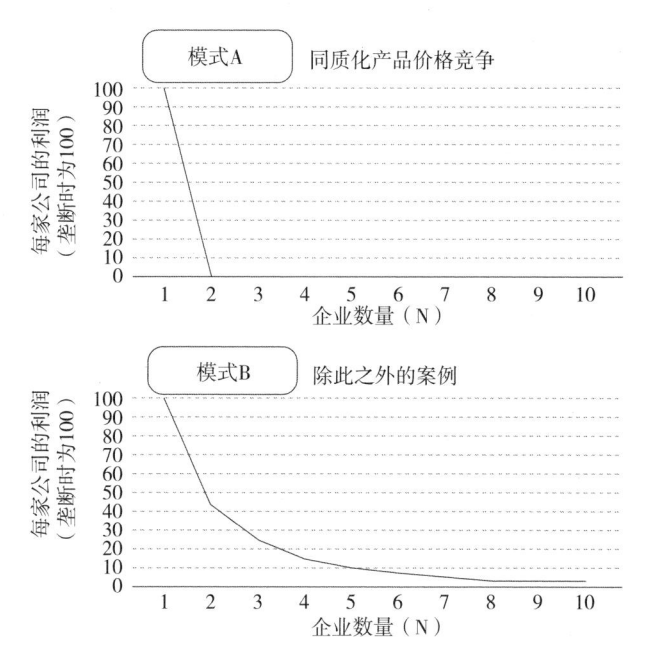

模式 A 同质化产品价格竞争

模式 B 除此之外的案例

图 3-2 利润与竞争关系的两个典型模式

模式 A 展示的是一种极端情况，即如果企业数量（横轴）超过两家以上，每家公司的利润（纵轴）就会为零。这就是第 2 章中提到的在同质化产品市场中出现价格竞争的结果。我们以水泥为例。工程建设（比如建造公寓或者挖掘隧道）需要水泥。各国政府为了调查经济动向，每年都要对各种行业进行统计，行业也从粗略分类（农林渔业、制造业等）到详细分类（半导体制造用曝光装置、泰式按摩等）有各种细微的分类。然而关于水泥，无论做多么详细的分类统计，大概也只能放在"水泥"这一种分类中。这是因为水泥产品差异化小，属于同质产品中的同质产品。

使用水泥的客户是预制混凝土制造商和建筑商。它们买来水泥，与水和沙子混合在一起搅拌成预制混凝土，再加入棒状或丝状钢材，制成钢筋混凝土。作为建筑公司，首先要控制工程的原材料成本。假设有两家公司（我们假设这两家公司分别名为玉屋和键屋）在同一地区、生产相同质量的水泥，那么建筑商（我们假设这家公司名为伊神组）的采购人员会希望让两家公司分别给出报价单。如果玉屋的价格较高（比如每吨 1000 日元），采购人员就可以说："键屋只要 800 日元。如果你们想做生意，就请拿出一点诚意。"也就是说希望主屋公司把价格降到 700 日元。接下来，采购人员就可以拿着这份报价单去要求键屋降价了。这种价格竞争很快就会变成"比这再便宜的话就要亏本了"的情况。这样，伊神组采购人员的工作就算大功告成了。

如果你认为只有那些黑心企业才会做这种事，那你就太天真了。买同样的东西时，谁都希望越便宜越好。如果有两家以上的企业在出售相同的产品，从理论上说，价格竞争可能会持续到利润为零为止。提出这一理论的是法国数学家约瑟夫·伯特兰德（Joseph Bertrand），因此也有人将价格的不完全竞争称为伯特兰德竞争，这一理论的结论（即价格和销量达到均衡）也被称为伯特兰德均衡。顺便说一下，我们在第 2 章中提到了"均衡"。均衡是指大家为了各自的利益而行动的结果，以及各种竞争在什么情况下能够平息，也就是竞争的终点。与有着无数买方和卖方的完全竞争不同，要了解玩家数量有限的不完全竞争理论，我们必须请博弈论登场。

上述案例都是比较极端的情况（利润为零）。现在，让我们看看具有一定普遍性的模式 B。"竞争对手增加，利润就会减少"这种基本模式是相同的，但利润减少的速度更为缓慢。我们在上文已经介绍了同质化产品的价格竞争。除此之外，还有以下三种情况：（1）同质化产品的数量竞争；（2）差异化产品的价格竞争；（3）差异化产品的数量竞争。

数量竞争就是在比如工厂设备的生产能力，或者每个月的生产计划、材料采购、人员、工作日程以及销售团队的人数和工作定额等，总之就是一定的产量和销售目标等方面的竞争。

最终，一家公司的销售人员与其他公司的销售人员之间也会发生伯特兰德式的降价竞争，但如果事先能确定好某种程度的数量限制和数量目标，就可以使竞争更具可操作性。

数量竞争是法国数学家安东尼·古诺（Antoine Cournot）提出来的，所以也被称为古诺竞争，竞争结果所达到的价格和销售量的均衡被称为古诺均衡（和伯特兰德的不完全竞争一样，对数量竞争进行数学模型上的精细化分析也要使用博弈论）。

在古诺竞争的情况下，即使是同质化产品，即使出现第二家、第三家竞争对手，也不会像伯特兰德竞争那样，利润突然降为零。

我们来比较一下同质化产品的价格竞争和同质化产品的数量竞争。比起价格竞争，为什么数量竞争会在缓和的竞争中结束？

其原因是，伯特兰德竞争设定了一种只要客户有需要，就能瞬间且无限量地生产和销售产品的终极自由市场模式。骑着刹车失灵的自行车下坡是很可怕的，同样，在伯特兰德没有时间和空间限制的观念里，即使只有两家公司在竞争，也无法阻止降价的趋势。

相反，古诺考虑到了"生产和销售的数量在一定时间内是有限的"这一现实的制约条件（或者时间的制约）。因此，无论销售团队之间如何展开低价竞争，"不能再卖了，必须保证一个合适的价格来确保利润"这种刹车装置最终还是会起作用的。

现在，让我们看看差异化产品的价格竞争和差异化产品的数量竞争。无论是价格竞争还是数量竞争，各家公司的产品各不相同，它们之间的竞争相对缓和。正如我们在第 2 章所说，这是因为产品间的替代性降低了。即使同行业中的竞争对手很多，如果它们出售的不是与你的公司直接竞争的产品，你就没有必要在意他们的存在。

现在，我们可以用表 3-1 来总结一下关于产品的异同与竞争类型的四种情况。我需要再重复一遍，关键是竞争对手越少越好。这虽然是众所周知的一般理论，但是如果忘记这个理论，往往就会得出非常奇怪的结论。这真的很重要，请一定不要忘记。

表 3-1　　　　　不完全竞争和利润的关系（四种情况）

产品差异化程度＼竞争类型	价格竞争（伯特兰德）	数量竞争（古诺）
同质化产品	案例 1　模式 A	案例 2　模式 B
差异化产品	案例 3　模式 B	案例 4　模式 B

顺便说一下，哈佛商学院教授迈克尔·波特（Michael E. Porter）在其《竞争战略》(*Competitive Strategy*：*Techniques for Analyzing Industries and Competitors*）一书中将这个原则引入了管理学领域。我们将在第 7 章做详细介绍。

第4章
Chapter 4

能力差距

正如在体育比赛中选手有强弱之分一样，企业的创新能力也有优劣之别。这种说法虽然有些模糊，但本章主要谈的就是关于能力差距的话题。当然，如何来定义优劣？能力究竟指的是什么？如果始终纠缠在这些模棱两可的概念中，那么我们讨论的范围就太大了。本章主要介绍的是企业的研发能力，以及将研发成果与生产和销售相联结，实现技术创新（降低生产成本）和产品创新（推出新产品、改善产品品质）的能力。

与其说破坏性创新是一种技术创新的类型，不如说是一个过程

管理学家克里斯坦森在《创新者的窘境》一书中强调，在成熟企业内部，现有大客户的要求是最优先的。这未必是一件坏事，或者说这是一种理想状态。把最重要的财源放在第一位是理所当然的。从某种意义上说，这是最合适的经营决策。

如果出现问题，可能就是以下这些情况。如果将第 1 章中提到的情况按照时间顺序排列，就会出现以下情况：

（1）大客户只订购现有的产品和服务；

（2）因此，成熟企业内部忽视了新一代技术的开发；

（3）市场的风向变了，新一代技术的实用性提高；

（4）不久，大客户开始想要新产品了；

（5）但是，上述成熟企业没有能够满足新需求的技术和产品；

（6）结果，竞争对手和新兴企业抢走了整个市场。

克里斯坦森将这一系列过程称为破坏性创新。

实际上，这种模式在历史上很常见。而且，"破坏性"这个词听起来很刺激，让人觉得很酷。至今，破坏性创新仍然是流行语。

但是，因为这个词的含义比较模糊，所以我还是决定在本书中不使用它。如果要对创新程度进行分类，用第2章中介绍的"渐进式的"和"突破性的"这两个形容词就够了。如果要对创新的经济属性进行分类，只要区分它是技术创新还是产品创新就行了。

实际上，克里斯坦森自己也没有认真地给破坏性创新下一个定义。因此，如果我们继续使用"破坏性创新"这个词就可能会产生争议。很遗憾，它并不是一个值得（严谨的）经济学家使用的清晰概念。所以，与其说破坏性创新是一种技术创新的类型，不如将它理解为发生像上述这一连串情况的过程。这样可以让我们的思路稍微清晰一些。

那么，"在倾听大客户当下需求的过程中没有赶上新的技术潮流"这种经营决策即使在短期内没有问题，但从长期来看，也绝对不是一种合适的经营决策。当出现第一种情况（从静态资源分配的意义上说）时，它看上去像是最合适的决策；当出现第六种情况（从技术和行业动态对应的意义上说）时，它并不是最合适的了。也就是说，企业没能对资源分配进行准确的预测。

"静与动"或者"近视眼与千里眼"

静和动有本质的区别，所以我需要多说几句。虽然听起来有点生硬，但作为经济学术语，我还是希望大家能记住"静态的"（static）和"动态的"（dynamic）这两个词。所谓"静态的"，就像我们在拍照时快速抓取事物在某一时点的形象一样。起初，大客户只对原有产品有需求，生产企业只要关注原有产品即可。我们暂且将这种着眼点称为近视眼（myopic）。但严格地说，它们在意思上稍有不同，我们稍后再做说明。

所谓"动态的"，就是能够预见到将来情况的变化，并即时应对。与拍照形成鲜明对比的是，它给人一种在观看电影和视频时提前想象到结局的感觉。有时候，我们也使用"先见之明"（forward-looking）这个词作为"近视眼"的反义词。比如，为养老存钱，为将来做打算而与看起来态度很认真的人相亲，为即将到来的人工智能革命开始学习编程等。当然，对未来进行预测并采取行动与预测是否正确是两回事。把钱存入银行，银行可能会倒闭；看起来态度很认真的人未必是好人，将来也不一定会成功；而人工智能革命中最先失业的说不定就是程序员。

但是，不管对未来的预测是否正确，重要的都是要提前对未来进行预测，而且为了获益，要先从当下的实际行动开始。在此，我要强调一下这样做的重要性。

另外，熟悉经济学的读者最好了解静态分析不一定就是近视眼（要了解这一点不太容易，初学者不必在意）。无论是现在还是未来，在不会发生太大变化的情况下，当下（静态地）做出的最合适的决策即使在时间的流逝中（动态地）也都可能是最合适的。严格地说就是，静态分析不仅截取了一个时间点的快照，而且适于解读那些在视频中一直出现的同一情景，这就是我们所说的一种稳定状态（steady state）。

成熟企业的弱点

有人认为，从静态角度看，只照顾大顾客的需求，致力于现有业务来分配预算是最合适的策略，因为如果新业务不成功，整个企业可能就会面临破产危机。这是一种缺乏远见的判断。跟不上科技潮流而倒闭的企业数不胜数，这都说明企业管理者没有先见之明，他们很多人都会说诸如"如果那时候就这样做……"或者"如果……"这样的话。在现实中，当组织需要做出经营决策时，类似"就算知道也没有办法"这种令人遗憾的情况也是很常见的。

为什么会这样呢？

我们只讨论以下三个具有代表性的原因。

第一，人和组织都是有惰性的。预算分配、人员配置和组织内部的权力结构一旦确定，即使下一年外部环境只是稍微发生了变化，也不可能马上焕然一新。更何况，正因为以往的业务取得了成功，成熟企业才得以成长为大企业，所以那些尚未取得业绩的新业务部门不可能拥有更大的发言权和影响力。

例如，微软公司基于 Windows 操作系统开发了办公软件套装 Microsoft Office，并创造了大量财富。不管时代如何变化，该公司中都很难诞生比 Windows 业务部和 Microsoft Office 业务部更强大的公司内部势力。

"现在是移动通信。"

"现在是社交网络软件。"

"现在是大数据。"

"现在是人工智能。"

就像时尚界每年都会提出"接下来就是这个"这样的趋势一样令人目不暇接，也像山区的天气一样令人捉摸不定。正因为处在这个不断变化的 IT 世界，稳定且持续赚钱的传统业务反而会越来越有存在感。

第二，高层管理者的主观意识和信息网络，以及他们个人关心的问题，也容易被以往业务的成功经验所羁绊。从企业内部成长起来的高管正是因为在之前的主力业务领域有所成就，才有了现在的地位。因此，不仅是他们的世界观，就连企业内外部的沟通也终究是以原有的技术和产品为中心的。

在这些人的下属中，或许会有关注新技术的人才。但是，从个人利益的立场上说，他们很难提出那些容易引起上级反感的建议。这既不是说他们心存恶意，也不是说他们愚钝无能，比起企业未来的发展，无论是谁都会认为今天的自己更重要。平心而论，比起今天的下属所说的，我更想珍惜自己昨天的成功经验。

2010年，美国视频租赁公司百视达（Blockbuster）申请破产。究其失败的原因，很多人都认为是它赶不上网络流媒体的科技新潮流了。这种分析恐怕是正确的。新兴企业奈飞（Netflix）公司通过推出网络流媒体业务，业绩实现了持续增长，将那些相继倒闭的音像租售店远远地甩在了后面。百视达公司未必是因为不了解网络流媒体业务而倒闭的。早在奈飞公司尚未推出网络流媒体业务的2006年，百视达公司的在线点播业务就已经取得了成功，客户也在稳步增加。当时的CEO在向股东的演讲中积极而坚定地认为网络流媒体业务才是公司的未来，今后公司会不断地发展这项业务。

然而，仅仅过了四年，公司就申请破产了。从这个结果看，当时公司转型到新业务上的决策是否正确值得怀疑。而且，即使CEO是正确的，他也很难一口气重整积累多年的音像租赁店铺业务。一个正常人不可能在某一天就将所有同事、下属和前辈都解雇。如果CEO再过几年就可以退休并且安度晚年，就不用特意做出这么痛苦的决定了，只要把问题稍微往后拖一下，问题不就解决了吗？让上了年纪的管理者或者擅长与人为善的"老好人"坐上最高管理层可能是最稳妥的方针了。

第三，组织规模变大，信息的传递效率可能会下降。处于组织末端的生产和销售一线或许有第一手信息，但这些信息未必能到达企业的高层管理者那里。一线和高层管理者之间只要存在中层管理者和业务部门，多多少少都会出现低效率等问题。即便如此，CEO也无法亲自处理所有员工的邮件。成长到一定程度的组织很难避免阶层化、官僚化的架构。

案例：英特尔公司

类似"大企业病"的例子有很多。现在，我要举一个有趣的反例。生产相当于计算机大脑的半导体芯片和CPU的大公司英特尔，从1968年成立以来到20世纪80年代，并不是以CPU，而是以存储（信息记忆）用的半导体芯片为主力业务发展起来的。但是，由于日本的电子设备制造厂商大举进入存储器市场，英特尔公司这一主力业务已经完全变成了薄利的状态。另一方面，CPU的利润率还很高，于是CPU逐步成了公司的主力业务。1985年的一天，安迪·葛洛夫（Andy Grove）和戈登·摩尔（Gordon Moore）之间进行了一次这样的对话。葛洛夫心情沉重地望着办公室窗外的游乐场，问道："如果董事会解雇我们，而新任CEO上任，他会采取什么手段呢？"摩尔立刻毫不犹豫地答道："退出存储器业务的市场。"葛洛夫茫然地看着摩尔说："那就这样吧。你和我从这个办公室出去，再进来，然后退出存储器业务市场不就可以了吗？"

顺便说一下，这里出现的戈登·摩尔正是因提出摩尔定律而为人所知的传奇人物。

就这样，以存储器业务为主的英特尔公司脱胎换骨，成了以 CPU 业务为主的英特尔公司。

我们应该从这个特殊的案例中学到的是"实际上很难做到"这一令人遗憾的教训。英特尔之所以幸运，是因为它有新业务利润率更高这种可遇不可求的境遇，还有利润率能够反映生产情况这种优秀的公司治理机制，以及能够迅速让理念焕然一新、行动果断的管理层。这三个有利条件加在一起成就了英特尔公司的成功转型。

在组织中采取不利于以往主力业务的方针是一个大忌。生产传统胶卷的柯达公司早在 20 世纪 70 年代就已经成功研发出了数码相机。但是，与利润率极高的胶卷业务相比，数码相机业务却没有出现好产品。而且，如果数码相机得到普及，传统胶卷这个主力业务可能就会消失。因此，数码技术被该公司束之高阁。

就这样过了 30 年，柯达公司最终被数字化浪潮吞噬，于 2012 年 1 月申请破产。当时，我正为了在美国的大学中找一份工作而参加各所学校的招聘面试。我会随身携带以研究"创新者的窘境"为主题的博士论文。在某次面试当天，一份报纸用整整一版刊登了柯达公司破产的报道，面试方自然对我的研究的兴趣高了很多。我对柯达公司的员工及其家庭表示同情，但是我能够继续从事研究工作，能写出这本书，也许正是该公司的功劳。

案例：硬盘驱动器

类似的例子还有克里斯坦森在其博士论文中提到的硬盘驱动

器。在20世纪90年代初期，个人电脑台式机的硬盘直径都是5.25英寸，比现在的规格（3.5英寸）大。但是，随着个人电脑主机的小型化、省内存化的发展，新的小型化产品越来越受欢迎。但是，老一代硬盘驱动器顶级制造商希捷公司（Seagate Technology Cor）对3.5英寸硬盘产品的开发、生产和销售却都不太感兴趣。该公司的创始人之一费纳斯·康诺（Finis Conner）当时还很年轻，他认为"今后是3.5英寸硬盘的天下"。而以年长的阿兰·舒加特（AI Shugart）为首的管理层则担心新产品会与现有产品产生替代效应，阻止了康诺对新产品的规划。于是，康诺自己成立了康诺（Conner Peripherals）公司，用3.5英寸硬盘建立了市场霸权。虽然取得了刷新吉尼斯纪录的高速发展，但由于一桩大型收购案失败而导致资金困难，康诺公司后来因为被其母公司希捷收购而消失了。

21世纪的希捷公司的基石是康诺公司生产的3.5英寸硬盘，所以从这个意义上说，与其说是原来的希捷公司，不如说是新兴企业康诺公司幸存下来了。

顺便说一下，2015年，当我采访康诺时，他72岁，正精力充沛地进行第八次创业。他说："失败并不是结束，我们只是要从失败中学到一些东西，再向下一个目标前进而已。"虽然我们经常听到这样的说法，但是像他这样经历过人生起伏的人说出这样的话还是很有说服力的。那一年，我个人经历了很多不幸，却因这句话受到了莫名的鼓舞。

我前往四季如春的加利福尼亚南部的别墅去拜访他，他邀请我到附近的墨西哥餐厅吃午饭。他还自己开车往返机场接送我，是一个很有行动力的人。对原本不是工程师，而是推销人员的康诺而言，最开心的事情是在公司里讨论技术问题时偶尔被问到"这个用我们的技术就能做出来吗"或者"这是真的吗"。他非常享受这样的时刻。

我对他在希捷公司和康诺公司创业和经营所取得的成就表示感谢，正是因为他的工作，我才有了工作，并且可以进行相关的经济学研究。然后，我还邀请他在墨西哥餐厅一起拍照留念，并且在Facebook上炫耀了一下。

成熟企业的优势

虽然我说了很多关于大企业的坏话，但是成功的大企业还是有优势的，比如有资金、有人才、有技术、有信用、有品牌等。

当然，世界上还有很多又老又庞大，却根本没有一点优势的大企业。它们在某种意义上已经倒闭了，在这里就不一一说明了。

本书的主题是成熟企业和新兴企业。与刚起步的新兴企业相比，成熟企业具有一定的资源和优势。

新技术的开发和引入需要资金。从现有业务中赚的钱可以用于研发或投资生产设备。过去赚的钱可以用留存利润、自由现金流（积累的现金和存款）等会计术语表示，但它们在本质上都是一样的，这些细节可以忽略。

如果金融市场是完美的，那么那些有潜力的投资项目自然就会得到资金的支持，所以没必要只局限于企业内部积累的资金。但在现实世界中，金融市场并不完美，充满了摩擦、误解、纷争和不确定性，所以很多时候，企业只能依靠自己的资金和能力。

在很多情况下，企业可以在现有业务积累的经验的基础上开发出新技术。有很多做法值得信赖，比如以企业研究机构的形式来建立和完善研发体制，或者从法务部门获得有关知识产权（专利、著作权和注册商标等）管理和保护方面的支持等。将技术研发视为最珍贵土壤的风气既不可能用资金实现，也不可能一朝一夕就形成。可以说，这是企业的无形资产。

2003年成立的日立全球存储技术（HGST）公司是日立公司在收购了IBM公司硬盘驱动器部门的基础上，与本公司的硬盘驱动器部门合并而成的新公司。当时，日立公司看中的正是这种与研发相关的知识产权和无形资产。IBM公司自1956年研发出硬盘驱动器以来拥有大量的技术积累（不限于硬盘驱动器部门），近年来，该公司也一直以专利数世界第一而称誉全球（这不一定与业务的收益直接相关，而是另外一个话题，本书暂且不做讨论）。

2012年，业界领先的西部数据公司（Western Digital Corp）收购了日立全球存储技术公司。全球过去有数十家硬盘驱动器制造商，当时缩减到了三家。在硬盘驱动器行业中，并购的意义主要是击败竞争对手、提高垄断力这一赤裸裸的竞争战略，而从IBM时代开始的无形资产也是并购的魅力之一。

2015年初，我采访了日立全球存储技术公司的研发经理卡里·曼斯（Carl Mance）。他的办公室仍然在 IBM 公司里，而 IBM 公司从 20 世纪 50 年代起就一直位于硅谷的圣荷西市。无论是被收购还是被兼并，员工都在同一栋建筑里做着同样的工作，只是公司名称和标志在不停地改变。

这样看来，技术和人才是分不开的。因此，买技术实际上就是在买人才。吸引人才是需要花费时间的。

同样，交易关系的积累也需要花费时间，提高企业的信用也是如此（这里所说的"信用"，除了表示一般意义之外，还包含先收货再付款、融资审查、信用贷款等借贷关系的特殊意义）。另外，对普通消费者和企业客户而言，还可以加上知名度和评价（即品牌影响力）。

总之，无论是金钱、技术、人才还是知名度，都是需要花时间积累的资源。在这方面，成熟企业往往比新兴企业拥有更多需要时间积累的资源。

资本：需要花时间积累的资源

在经济学中，我们将需要花时间积累的资源都称为资本。像"资本主义世界中，金钱就是一切"这样的观点就忽略了很多其他方面。在 20 世纪 90 年代的宏观经济学中，以"经济增长的原动力是什么"为主题的实证研究非常流行。人们将各种原动力称为 XX 资本，用来测量和分析其推动经济增长的效果。比如，如果劳动者的教育水平重要，那就是人力资本；如果技术积累和引入重要，那就是知识资本；如果是长期互惠的交易关系，那就是关系资本；如果是信用、声誉和品牌力，那就是品牌资本等。这些术语在很多研究中都会被用到。

类似"这个很重要，那个也很重要"的讨论是单调且无止境的，因为那是一种简单的回归分析（我们将在第5章介绍），缺乏实证方法所具备的严密性。所以，这种研究很快就会被经济学家厌倦，并沦为他们的笑柄。总之，无论什么都可以被解释成资本。

因此，"资本主义世界中，金钱就是一切""经济学家只考虑钱"都是出自那些没有学过经济学的人之口。

实际上，金钱并不是万能的。

比如爱。除了一见钟情等特例之外，爱情也是一种需要花费时间来积累的宝贵之物。再宽泛一点，也可以说成对别人的好感度。你可能经常会听到类似"八成看外貌""第一印象占九成"的抱怨，这就说明如果初期投资失败，就要花很长时间来积累资本，这个过程很辛苦。因此，与品牌资本和关系资本一样，即使有经济学家提出好感度资本、爱情资本等术语，我也不会感到惊讶。

在谈论爱情资本时，你总会认为自己犯了很大的错误。但是，如果有人说爱和爱情资本完全不同，我认为这可能是正确的。

所以，经济学家会把一切都当作金钱来分析。

金钱不是一切，但是一切都像金钱一样。

成熟企业和新兴企业哪一方能力更强

正如以上我们讨论的,虽然有很多偏题和绕路的情况,但我们列举了成熟企业的优势和劣势。在比较那些获得成功的成熟企业和新兴企业时,哪一方在推出新技术和新产品方面更有优势呢?我们暂且忽略替代效应或企业的进取心和动机,只比较它们的基本能力,只看哪一方的研发能力和创新能力更高。

对于这个深奥的问题,我尝试用浅显的答案来回答:"视具体情况而论""不能一概而论""不衡量一下就无法知道"。

哪一方的能力强?这需要明确的定义和准确的衡量,是需要实证的课题。我们将在第 5 章和第 9 章中介绍实证方法。对研发进行投资是动态行为,衡量其能力是一项相当烦琐的工作。

为了让大家认识到这个问题的难度,我们先介绍一下 20 世纪著名经济学家约瑟夫·熊彼特的回答。

熊彼特创新理论的五个方面

熊彼特出生于奥匈帝国摩拉维亚省(今捷克共和国境内)。1906 年,他在维也纳大学获得法学博士学位,后在格拉茨大学(University of Graz)担任教授。1912 年,他出版了《经济发展理论:对于利润、资本、信贷、利息和经济周期的考察》(*The Theory of Economic Development: An Inquiry into Profits, Capital, Credit, Interest, and the Business Cycle*)一书。在书中,他对创新和企业家的关系进行了阐述。当时,熊彼特并没有使用"创新"一词,而是用"发展"一词来谈论技术创新的。他将通过研发和推出新技术而将旧技术带来的静态平衡转移到另一个(还是静态的)平衡状态的过程称为发展。

在那个时代,还没有一种理论能够将整个变化过程作为一种动态平衡来分析。直到20世纪50年代,那些具有预见性的个人和企业才对动态最优化的交易方式进行了数学分析(我们将在第8章中介绍)。

熊彼特将创新(发展)分成五个方面:(1)新的生产方法;(2)新的产品;(3)新的原材料;(4)新的市场和买家;(5)新的行业组织。

其中,第一个和第二个方面分别是本书中所说的技术创新和产品创新。

另外,关于"新"的标准,熊彼特认为不必基于自然科学上的新发现和新发明来确定。对于作为分析对象的市场主体(买方和卖方)而言,只要是"新"的,技术本身是不是首创的暂且无关紧要。这在经济学上是一种合理的观点。为了方便起见,本书也使用了"新技术"或"技术创新"等词语,其含义与熊彼特的一样,都是广义上的新东西。

第三个和第四个方面可能需要进一步说明一下。第三个方面"新的原材料"的意思是,如果使用比现在更便宜的材料,生产成本就会降低,产品价格就会更低。因为关注产品成本,所以其着眼点类似于第一个方面"新的生产方法",也就是技术创新。

第四个方面中所谓的"新买家"是指,如果把老师傅(手艺师傅)用传统工艺制作的德国香肠拿到印度去卖,那么对于印度的消费者而言,它或许就是新产品。德国人手工制作的香肠并不是新发明,但是只要它到了一个与它或者制作方法无关的新市场中,它就完全可以成为一种新产品了。在印度,特别是素食主义者较多的地区,这个计划可能不会成功,但这与第二个方面"新的产品"(即产品创新)的着眼点是很接近的。

最后是第五个方面"新的行业组织"。如果仅按照字面来理解,意思就有些模糊。正如熊彼特所说,企业通过合并或协商改变了供给侧的竞争模式(也就是行业自身的组织)。

这个观点可能有点难以理解。我们首先可以将一个行业视为一个工厂。然后,想象自己成了这个行业的老大。从这个角度看,三家公司互相竞争与三家公司通过合并和价格协商而实现一体化协同运作,完全是经营着不同的工厂的感觉。在这个意义上,勉强可以说第五个和第一个方面"新的生产方法"的意思是相近的。与其说是创新,还不如说是垄断或者如何通过消除竞争来赚钱。因为有反垄断法的限制,所以企业之间不能贸然合并和协商价格(即使有可能实现,如果被发现就可能会出大问题)。

从理论上说,我们可以构想出整个行业的创新。也许某种创新的商业模式或创新平台与第五个方面更接近。

对于熊彼特创新理论的五个方面,本书建议只需要区分技术创新和产品创新即可。读到这里,也许你隐约感觉到第一个、第三个和第五个方面在生产工艺上削减成本的意义是相同的,而第二个和第四个方面在推出新产品方面的意义是相同的。

我们的大脑是有限的,要记忆的内容当然是越少越好。

至于具体例子,建议大家再读一遍第 2 章中关于创新的类型的内容。对各种事物进行分类是一项很有意思的工作。在不知不觉中,你就会热衷于采集昆虫标本,并认真地对它们进行分类。但是,我们只需要能够区分蝴蝶和飞蛾就行了。

熊彼特的矛盾

本书所说的"创新"和熊彼特所说的"发展"在一定程度上是相同的。但是,关于执行者,他是如何认为的呢?在 1912 年出版的《经济发展理论:对于利润、资本、信贷、利息和经济周期的考察》一书中,他认为主要是企业家引起了上述五个方面的发展或新结合,也就是将各种生产要素用新的方法结合起来,带入新市场。因此,当他在欧洲的时候,一直很重视新兴企业发挥的作用。在创新研究领域中,学者们一般称其为熊彼特创新理论 1.0 版本。

1942 年,熊彼特出版了《资本主义、社会主义与民主》(Capitalism, Socialism, and Democracy)一书。在书中,熊彼特的态度稍有变化。当他谈到破坏性创新的过程时,他描述了新兴企业的新产品不断颠覆现有行业的过程。但是,到了该书的后半部分,他的态度却变得悲观起来。一方面,他对拥有研究机构的大企业的组织能力和研发能力给予了高度评价；另一方面，他也预言，不久的将来，企业家的创新空间将会消失。

失去企业家这种创新原动力的资本主义经济会使成熟企业逐渐失去成长能力，取而代之的是社会主义的崛起。稍后我们再对此做详细探讨。强调大企业研发能力的假说被称为熊彼特创新理论2.0版本。我们通过追寻熊彼特创新理论的发展过程可以看出，对新兴企业和成熟企业到底哪一方的能力更强这一问题，他自己多多少少也有些摇摆不定。也有人将此视为熊彼特创新理论的矛盾，但这并没什么建设性。事物都有其多面性。最终的结果是，如果高个子的人很多，要问谁最高，如果不测量一下就无法确定。同样，如果两种类型的企业的能力看起来都很强，那就有必要测量一下了。现在，轮到实证分析出场了。

小结

在第2～4章中，我们对创新者的窘境以及与破坏性创新相关的三个理论进行了分析，也大概介绍了一些经济学基础知识。

在第2章中，我们介绍了需求的替代性和创新的类型；在第3章中，我们介绍了供给侧的不完全竞争；在第4章中，我们介绍了市场的动态和静态。

在这些术语和概念中，既有入门级的微观经济学理论，也有不学习博士课程就无法学到的理论。但是，现实世界中的经济现象是不会等到你成为经济学博士才发生的。

《创新者的窘境》解读版
Estimating the Innovator's Dilemma

　　因此，我认为，即使本书内容比较简单，但体验一下经济学的深奥，拓展一下自己的思维方式、观念和世界观也是一件有意义且有趣的事情。为大众提供这样的学习机会或许也是学者的一项重要工作。

　　从第 5 章开始，我们将介绍一些包括对现实世界中经济现象的测量（即数据分析）的实证方法。虽然也会出现专业术语，但是对于那些到目前为止还能跟得上的读者而言肯定没有问题。即使无法理解本书的全部内容，你也会有所收获。

第5章
Chapter 5

实证分析的三种方法

回顾

随着技术的更新换代，企业和行业也经历着荣枯盛衰（这就是破坏性创新的结果）。那么，成熟企业为什么不去赶紧抢占新技术呢？

这就是本书所要探讨的最基本的问题（也就是我研究的核心问题）。

为了能从经济学角度来思考创新者的窘境，我们需要掌握以下三种理论。

- 如果新产品和旧产品之间的替代性高，就会导致需求发生侵蚀，因此成熟企业推出新产品的意义不大（替代效应）。
- 话虽如此，但是如果眼睁睁地看着新对手加入市场竞争，成熟企业可能就无法继续垄断市场，利润也会锐减，因此成熟企业倒不如比新兴企业快一步收购新技术（竞争效应）。
- 成熟企业和新兴企业到底哪一方的基础研发能力更强？双方都有支持自己的假设，所以必须实际测量一下双方的能力差距。

我们本来应该从简单的问题开始，但现在这个问题好像变得有些复杂了。这几种力量错综复杂，就像在拔河一样，如图 5-1 所示。

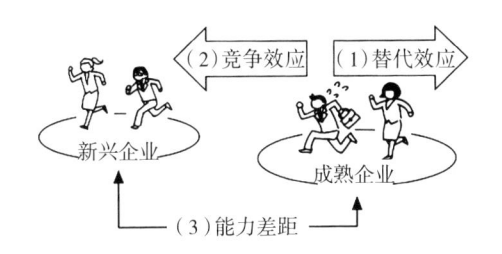

(1) 替代效应会使成熟企业的积极性降低。
(2) 领先一步就能阻止竞争对手的加入。
(3) 研发能力有优劣之分，(1) 和 (2) 的平衡也会发生变化。

这三种理论该如何进行实证呢

图 5-1 从经济学角度来看创新者的窘境

成熟企业一方面对替代效应"依依不舍"，但另一方面，这种诱惑也驱使它们下定决心，在未来的竞争对手出现之前先发制人，领先一步进行创新。在创新能力方面，成熟企业和新兴企业哪一方更强？答案不同，替代效应和竞争的力量平衡也会发生变化。

这三种力量像是在拔河，这在理论上是没有问题的，但到底该如何证明呢？在本章中，我将介绍实证分析的三种方法。

如何进行认真的（科学的）分析呢？在不同的研究领域，分析的规则也各不相同。在日常生活中，大家会在相信或不相信的情况下，不知不觉地就对新闻以及与工作和生活相关的信息进行了筛选。我希望大家带着锻炼自己的现实感的目的来阅读本书。

方法一：（狭义的）数据分析

说到实证研究，经济学家最先想到的是单纯的数据分析，也就是所谓的回归分析等统计方法。

当然，所有的实证分析在某种意义上都是数据分析。因此，从广义上讲，所有的实证分析都是数据分析。但在这里，狭义的数据分析并不包括后面会介绍的对照实验（方法二）和模拟实验（方法三）的分析方法。使用已有的数据，并通过统计来发现某种模式，这是一种最常见的实证研究。

相关关系

狭义的数据分析主要着眼于相关关系，并试图从大量数据中发现某种模式。

所谓的相关，就像当我们把很多人集中起来进行测量时就会发现"个子高的人，体重也很重"这种倾向一样。下面，我们以此为例来稍做说明。

我们先设定身高为 X、体重为 Y。X 和 Y 就是变量名，可以取各种数值，所以我们称 X 和 Y 为变量。这时，我们可以说 X 和 Y 是正相关关系，因为如果 X 增长，Y 也会增长。相反，如果 X 增长，而 Y 却减少，它们就是负相关关系。

如果以 X 为横轴、Y 为纵轴来进行测量，每个人的身高和体重都可以用平面上的点来表示。将收集到的所有人的数据显示在图上会有零星散布的感觉，我们将这种可视化图表称为散布图，如图 5-2 所示。

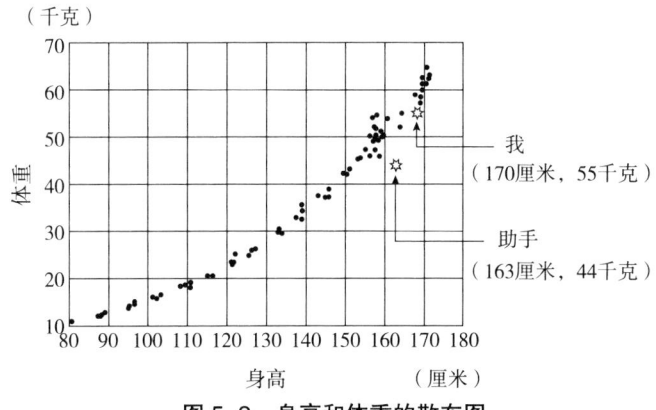

图 5-2 身高和体重的散布图

回归分析

最简单的回归分析就是，为了捕捉到图中的每个点，我们在散布图中划一条直线。因为身高和体重是正相关关系，所以直线也向右上升，也就是说倾斜度为正数，如图 5-3 所示。

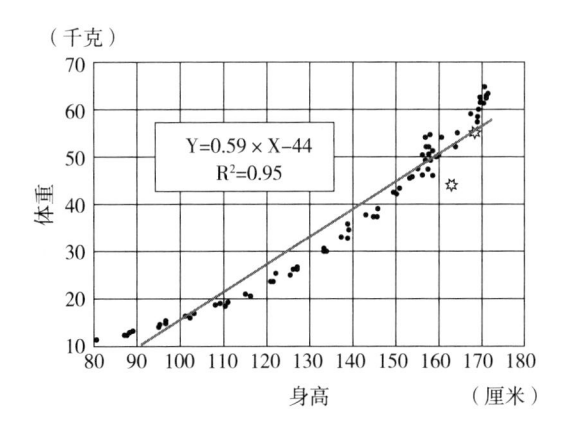

$Y=0.59 \times X-44$
$R^2=0.95$

图 5-3 身高和体重的回归分析

直线的画法是有规则的，不能凭感觉决定。规则是，为了得到能穿过所有点的正中的线，要选择切线和斜线。规则有几个变化，它既可以是直线（一次函数），也可以是曲线（二次函数或指数函数等），还可以是更复杂的图形。被称为机器学习的方法或非参数估计的专业领域可以探究各种数据分析的可能性。

本书并不是统计学和计量经济学的教科书，所以我们对此只做简单的说明。希望深入了解相关内容的朋友可以阅读相关书籍。但是请注意，不要过度热衷于追求各种统计方法。就像过度沉迷于对创新进行分类就会陷入为了分类而分类一样，一味追求不断地开发新方法很可能也会变成为了知道而知道。单纯地知道新技术这件事本身没什么价值。请大家不要忘记采集昆虫标本的目的。

因果关系

在原始数据中，相关关系随处可见，所以它很容易被发现。但问题在于，相关关系和因果关系完全是两回事。

比如，如果你对迫切想减轻体重的人说"把身高稍微减一点不就可以了"，这一定会激怒他。

影响体重的因素有很多，比如体脂率、骨密度和肌肉力量训练等。身高和体重只不过是身体的基本特征的表现而已，并不是因为身高很高，所以体重就重。两者之间并没有因果关系。

那么，怎样才能发现因果关系呢？我很遗憾地告诉你，我们不可能发现因果关系，因为因果关系只存在于我们的头脑中。

相关关系在数据中可以随意存在,但因果关系从根本上说是不同性质的概念。至于用什么来证明逻辑和科学的因果关系,这会因时代和领域而异,有时候也因人而异。所以,相关关系存在于数据中,因果关系存在于头脑中。

当然,这是一种极端的说法。例如,控制变量法是一种在计量经济学中可以使用的统计方法,可以有效地发现因果关系。它是一种高级统计方法,所以我只做简单说明。除了已有的变量 X 和 Y 之外,如果存在满足一定条件的第三变量 Z(控制变量),我们就可以在良好的数据环境中使用这种方法。我将在第 6 章进一步阐释创新者的窘境时展示如何使用控制变量法。另外,如果好好地进行对照实验(方法二),我们也能够得到可信度相当高的因果关系。所以,我并不是说无论在什么情况下,都绝对无法找出因果关系。

在一般情况下,无论数据环境和对照实验进行得如何,只要进一步研究就会发现某种逻辑上的弱点。而且,普通人和研究人员都一样,只是将自己想要相信的事(因果关系)称为"科学"。因此,最好先明确一点,证明因果关系的完美无缺且绝对可靠的统计方法是不存在的,这应该成为一个严谨的学术原则。

比如,如果你有育儿经验就会知道,在全世界的母亲中会反复存在一些毫无意义的争论,比如"母乳和牛奶,哪个对孩子的发育更好""把孩子交给托儿所是对是错"。

在讨论这些话题时,不仅是当事人,研究人员、政府和国际机构也都事先抱有相当强烈的偏见。不用说那些关于个人喜好和哲学问题的争论了，就连在关系到人生观、世界观和认同感的争论中，都很少有人能够冷静地分析因果关系。我再强调一遍，并不是说对这些话题完全没有科学的分析，而是要以调查个别的科学分析的立场和目的为出发点，客观地弄清楚这些分析内容的好坏是很难的。

我在加利福尼亚大学洛杉矶分校攻读博士学位时的导师艾德·里默教授（Eddard Rimmer，他的专业是国际贸易理论和实证以及计量经济学）说："相关关系存在于数据中，而因果关系只存在于我们的头脑中。"也就是说，相关关系是现实的数据，而因果关系则是理论的产物。

需要注意的是，里默教授和我并不否定因果关系的验证方法，而是提醒大家不要有"数据中一定有因果关系，如果使用统计学方法就一定能找出因果关系"这样天真的想法。

虽然数据只是现实世界的片段（样本），但为了将其解释为因果关系，存在于我们头脑中（只存在于我们头脑中）的逻辑思维（即理论）是必需的。这种意义上的理论被里默教授称为"故事"，我经常使用"世界观"这个词。如果没有理论的辅助，我们就无法解释现实或找出因果关系。虽然有些兜圈子，但我们想强调的是要认真面对数据和理论分析。

机器学习≈回归分析

在至今尚未接触过统计学和计量经济学的人中，或许存在一听到"机器学习""人工智能"这些词就相信"这一定是科学的数据分析"这样单纯的人。但是，这些数据分析方法在原理上与回归分析是相同的。因此，上述相关关系和因果关系的各种理论不限于经济学，也同样适用于医学、工学、统计学等任何学术领域和分析技术。

本章的主题为实证分析的方法，并不局限于经济学的实证分析。所有的数据分析、所有层面的现实生活都可以作为实证分析的对象，希望大家能掌握这些方法。

如何测量创新

我们先把与因果关系相关的深奥哲学放在一边。创新实证研究中最常见的数据分析是研究专利数量与企业特征之间的相关性。

例如，我们对各个企业正在申请或已经获得的专利数量进行了统计，并绘制出企业规模（销售额和员工数量）和存续时间（成立时间）的散布图。我们认为，企业规模越大，专利数量就越多，即专利数量与企业规模之间是正相关关系。

为了方便起见，我们将成立时间长的大企业视为成熟企业，而将成立时间短的企业视为新兴企业。这样就会给人一种成熟企业在创新方面取得了成功已被证明是统计事实的印象。这种解释未免过于武断。虽然有很多问题，但我还是想说以下五点。

第一，专利只是衡量创新的不完全指标。正如这个领域的先驱者、哈佛大学教授兹维·格里利切斯（Zvi Griliches）所说："并不是所有的创新都源于专利技术，因为不是所有的专利都伴随着（经济学意义上的）创新。"比如制造工艺技术虽然是科学上的一般原则，但很多都不是专利。

另外,即使能够获得专利,也有企业选择不申报专利。为什么呢?因为在大众看来,专利不应在15～20年间得到保护和垄断,而是必须向社会公开该发明的内容。专利是一种用一定时间的垄断权(这是违反公益的)来促进知识传播(这是有利于公益的)的机制。因此,很多企业会认为,与其申请专利,还不如保守企业的秘密。

第二,专利数量和研发费用等大多数指标都与研究机构或企业的预算成正比。而且,研究预算往往被定为企业每年销售额的10%。也就是说,专利数量这一指标几乎自动与企业规模成正相关关系。当这样的逻辑关系处于反相关时,即使对正相关的数据进行统计分析也不会有什么意义。这就好像很多人并不知道企业经营者的真心话,而盲目相信表面上的客套话一样。

第三,成功创新的企业可能会因销售额的增加而逐渐成长为大企业。是企业规模决定了创新能力,还是创新能力决定了企业规模?仔细想想就变成了鸡与蛋这样的因果关系了。因此,即使发现了正相关关系,我们也很难解释其因果关系。是鸡对蛋的影响,还是蛋对鸡的影响?这是很难知道的。

第四,替代效应、竞争效应和能力差距等概念本来就无法实现数据化。无论是政府统计报告,还是企业报告,都不会使用这样高度专业的抽象概念。即使有这样的数据库,也不一定能测量那些理论上正确的概念和理念。

第五,存在竞争关系的企业就像比赛中的运动员一样,只能看到图像和数字，而无法了解真实情况。比如，两位相扑选手势均力敌、一动不动，与其说他们在偷懒，不如说这种胶着状态正是他们竭尽全力的结果。

同样，如果使用谁先谁后这样的先后概念，那么所有企业就都不可能使用先发制人的战略获得成功。因此，假设某个成熟企业看起来已经落后了，那么其管理层是认为"尽管我们想勇敢地挑战，但有些力不从心"，还是"别人已经抢先一步了，我们还是放弃吧"？我们无法从表面数据上知晓。

没有理论的辅助是无法解释数据的

如果把数据放在一边不管，那么它们什么都不会说。所以，我们有必要积极地"倾听"数据。

我们通常会遇到以下问题：

- 那些被数据化的指标都能被正确地测量吗？
- 那些真的是有意义的变量吗？
- 原始数据产生的过程，也就是数据背后的现实情况是怎样的？
- 在数据分析上可能会产生什么问题？
- 采用什么分析方法是最理想的呢？为了使分析在逻辑上成立，背后需要什么假设？

在分析的过程中，我们可能还会遇到其他各种各样的问题，这是因为现实世界很复杂。和现实世界一样，不是所有的问题都能被解决。

尽管如此，分析人员的使命就是认真思考这些问题。之所以这么说，是因为想要分析数据的是我们（分析人员本身），这一切都是为了研究和回答我们面临的问题。所以，我们必须先弄清楚自己想要什么。虽然话题总是有些跳跃，但这很重要，因为不确定问题是什么，我们就无法回答它。

我们再看一下上文提到的五个问题。一些敏感的读者也许会注意到这五个问题都是关于看不见的东西的。

只有你知道自己真正想知道什么。数据的生成过程并不是表面的数据内容，而是对数据的母体（即现实世界）本身的洞察。因此，数据分析的真正意义并不在于对数据中观测到的变量及其数值进行分析，而在于对数据中未被观测到的、眼睛看不到的东西进行分析。这是经济学上的数据分析，也是计量经济学中最重要的一点。请你务必记住。

方法二：对照实验

第二个实证方法是对照实验。很多人会认为，它就是理科课堂上常见的实验。

作为实验方法，经济学上的一个范本就是流行病学的研究方法。为了测试一种新药的疗效，我们召集了很多人作为被试。我们让其中一半的被试服用了真正的药物（假设为 A 组），让其余被试服用了没有效果的安慰剂（假设为 B 组）。

因为事关生死，所以各国政府对新药的认定标准以及实验的质量和数量都有相当严格的要求。

顺便说一下，即使给 B 组提供的是没有疗效的安慰剂，据说也有可能改善病情。这种心理现象被称为安慰剂效应。如果 A 组被试的病情出现好转，我们也不知道是药物的真正疗效，还是单纯的心理作用，这会使实验听上去不太科学。因此，我们又让 A 组和 B 组被试服用了另一种"药"。这样，两组被试都会处于相同的心理作用的状态，可以抵消安慰剂效应。虽然这种方法有点烦琐，但这是一种区分新药的真正疗效与安慰剂效果的策略。

请认真观察图 5-4 中的加法和减法以及方程式。

$$\begin{pmatrix} \text{A组的病情} \\ \text{变化} \end{pmatrix} = \text{安慰剂效果} + \text{新药的真实疗效}$$

$$\begin{pmatrix} \text{B组的病情} \\ \text{变化} \end{pmatrix} = \text{安慰剂效果}$$

因此

$$\text{新药的真实疗效} = \begin{pmatrix} \text{A组的病情} \\ \text{变化} \end{pmatrix} - \begin{pmatrix} \text{B组的病情} \\ \text{变化} \end{pmatrix}$$

图 5-4 用对照实验测试新药的疗效

从上图可知：

新药的真正疗效 =（A 组的病情变化）－（B 组的病情变化）

因为这是以个人为对象的流行病学实验范本，所以这个方法也适用于调查对个别消费者注射 ×× 的效果。

在市场营销领域，类似"什么时候给哪些消费者发放什么样的优惠券，他们才会买更多的东西"，以及在第 1 章中提到的"在饮料自动贩卖机上，什么样的推荐才有效"的研究问题是很有人气的主题。另外，在劳动经济学和发展经济学领域，类似"对失业者进行怎样的培训才能提高其找到新工作的可能性""对发展中国家的贫困家庭采取怎样的政策才能让孩子上学或者通过存钱来帮助他们脱贫"这样的课题一直都很受重视。

当研究对象是小规模、多数意义上的存在、独立（不必在意个人之间的相互关系）的时候，这是一种非常简便的研究方法。但是，就像本书的研究那样，在涉及现实的企业或行业的情况下，就很难进行对照实验。另外，过去发生的历史性事件不可能重来一遍。因此，在研究大规模现象、长期的时间序列数据以及相互关系很强的主体（企业、行业和国家）这类产业组织理论和宏观经济学领域时，使用对照实验就很不方便了。

在以个人为对象的流行病学研究中，只要涉及类似"长期服用维生素 C 对身心发育和健康都有好处"的课题，几乎都不可能进行准确的测量。因为，让很多被试长期按照指示服用维生素 C（或具有相同气味和味道的安慰剂）是很困难的。而且在通常情况下，消除可能影响身心发育和健康的所有其他因素或对被试采取相同的措施是不可能的（但是有例外的情况，比如对于那些被关进监狱或强制收容所的人而言，这种实验是可能实现的，因为他们的生活很规律）。

实际上，除了能预防维生素缺乏症（比如在特殊的饮食环境中出现的维生素 C 缺乏病），维生素 C 对健康的效果（因果关系）至今尚未得到证明。

方法三：模拟实验

我们在第 1 章中提到过一个在跳伞比赛中使用降落伞的效果的案例。我们无法进行真实的实验，因为在人员伤亡等方面的代价太大了。降落伞的原理与流体力学有紧密的关系，但要把对这种力学理论的预测归纳成简单的数学公式也很困难。于是，轮到使用计算机进行数值计算的模拟实验出场了。可能有人已经忘记降落伞的案例了，我们再用一个类似的案例。

一个位于外太空的宇宙空间站受到了假想敌（比如火星人）的攻击，而且即将爆炸，那么如何让宇航员平安返回地球呢？故事情节发展得很快，希望你做好心理准备。

我们想开发出一个尽快逃离宇宙空间站、安全返回地球的方法。这是 21 世纪人类的一个重要目标。我们该怎么办呢？

我们需要有一个坚固的逃生用密封舱，可以承受进入大气层的压力。为了减轻落水时受到的冲击，我们还需要用降落伞来减缓下降速度。为此，我们就要准备各种强度的密封舱材料和各种形状、材质的降落伞来进行实验，让背着降落伞的密封舱从空间站安全着陆在地球上。当然，我们也需要让身材、年龄和体质相似的宇航员聚在一起，并将他们随机分成 A 组和 B 组。

这个想法本身并没有错。但是，将逃生用密封舱运往宇宙空间站和训练宇航员都需要巨额费用，况且我们也不可能用真正的逃生用密封舱或真正的宇航员进行多次实验。当然，这也存在伦理问题。这些都是经济学上的成本的一部分。

那么，缩小实验规模不就行了吗？预算和人命都不会浪费了。

但是，如果在实验室里使用微缩模型进行实验，能否逼真地表现出现实中密封舱冲入大气层和入水的情况？其真实度令人怀疑。

似乎很难进行纯粹的实验。于是，轮到模拟实验出场了。

宇宙空间站逃生用密封舱的落水冲击模拟实验将按照以下程序进行。

- 首先，用数学公式表示出密封舱的下落运动和海水的流体运动在物理学上的运动规律。
- 在此基础上，将密封舱到达海面瞬间时两者的相互作用作为密封舱表面和海水压力造成的负荷进行整理，并使用计算机进行计算。
- 下降速度和落水冲击的关系是通过计算机计算的，以此为参考也可以计算出不会让宇航员死亡的下降速度。
- 准备一个能够充分降低下降速度的降落伞。

关于受到假想敌（火星人之类的）的攻击而即将爆炸的内容完全是我编造的，但宇宙空间站逃生用密封舱的落水冲击模拟实验是现实存在的，是一项严肃的工科研究。

除了空间站逃生用密封舱以外，模拟实验也被用在物理学、化学、生物学等各个领域。在研究全球变暖等气象现象时，模拟实验也是不可缺少的。在不需要牺牲宝贵的预算和生命的情况下，人们可以用模拟实验做出合理的科学预测。

如果模拟实验也有难点，那就是对于复杂的现象，在确定了应该模拟的重要一面和应该忽视的一面之后，有必要准备对各种要素进行明智的理论和实证分析，所以，分析结果在很大程度上取决于研究人员的能力。另外，即使今天的计算机有很强的计算能力，但它们的计算量和速度也是有限的。如果建立过大规模、过于复杂的模型，计算所需的时间和成本就会增加。

这些并不是模拟实验固有的问题。无论是回归分析，还是对照实验，分析结果都与研究人员的能力有关。只能说没有万能的方法。

说到底，与其说有好的方法和不好的方法，还不如说是有好的研究和不怎么好的研究。如果能找到有趣的、重要的研究主题，并熟练运用符合主题的方法，那就是好的研究。

那么，用什么来定义有趣的、重要的主题呢？那只能由你自己的头脑和喜好来决定了。如果你不知道自己想要什么，你就无法得到它。

第6章
Chapter 6

对"窘境"的阐释：需求

回顾

本书前半部分到这里就结束了，第 6 章是本书的转折点。我们先回顾一下之前讨论的内容。

第 1 章概述了本书的内容。随着技术的更新换代，大企业也在发生变化，经历着破坏性创新的过程。在新技术蓬勃发展、新兴企业纷纷涌入市场的情况下，成熟企业面临着进退维谷的艰难抉择。

为了更好地阐释创新者的窘境，我们有必要事先了解三种理论和三种实证方法。所以在第 2～4 章中，我们分别探讨了成熟企业和新兴企业的创新意愿和能力是如何构成的，并且具体介绍了替代效应、竞争效应和能力差距。

在第 5 章中，我们简单地阐述了实证分析的理论准备和方法，即数据分析、对照实验和模拟实验这三种实证方法。请记住，不要混淆数据中的相关关系和我们脑海中独有的因果关系。为了详细地阐释因果关系，我们需要测量眼睛看不见的东西或者利用理论这种辅助工具。

接下来，我们将在第 7～9 章中对本书的焦点之一，即为什么领先企业的创新容易被阻碍进行全面的实证分析。

在第 10 ～ 11 章中,我们会解答"既然如此,我们应该怎么办"这个问题。

从现在开始,我们终于要正式开始了。

克里斯坦森的好帮手

从早餐燕麦片到宇宙空间站的逃生用密封舱,我们在第 1 ～ 5 章中举了很多例子。本书篇幅有限,我和大家的时间也有限,所以我们无法对这些例子都进行实证分析。

因此,我们把目标缩小到克里斯坦森在《创新者的窘境》一书中作为主要案例的硬盘驱动器行业。他的研究方法主要是采访该行业的业内人士和解读行业报告。

本书将进一步在以下几个方面下功夫:(1)收集 23 年(1977—1999 年)的行业报告,仔细阅读后再进行数据化处理;(2)为了用普遍的方法进行解释,运用经济学理论和实证方法衡量替代效应、竞争效应和能力差距三个要素。

对于像硬盘驱动器行业这种正在成为过去时的行业以及 20 多年前就已经研究过的历史案例进行回炉式的研究有意义吗?

答案当然是肯定的。很少人会对得到实验用的小白鼠、果蝇和豌豆感兴趣,但很多人得到了作为实验成果的药物的帮助,还有很多人会对通过观察豌豆而发现的遗传机制感兴趣。硬盘驱动器行业对我们而言就是果蝇。

硬盘驱动器行业有以下三个优点。

- 在较短时间内（但也经历了 10 年、20 年）就完成了技术和企业的新老交替。
- 这些新老交替的程度刚刚好（如果创新程度太低，我们就无法观测到有趣的现象；如果规模太大，我们可能就会加入其他行业，这样我们就无法把握整体情况）。
- 因为是比较老的案例，所以我们对其进行的历史评价正在逐步确定，但又因为不是历史久远，所以现在也还可以采访相关业内人士（比如原来的管理者和行业报告的撰写者）。

那么，我们能否保证我们可以找到的东西比克里斯坦森先生的多呢？

答案也是肯定的。他的研究方法只有采访和文字记录，所以无论从何种意义上说，这些内容都显得有些无力。对于"为什么领先企业创新速度慢"这一主要问题，答案并非仅限于大客户不感兴趣、组织内部有政治抗争或者管理者得到的信息有偏差。

如果我们仔细思考一下，就会发现还有很多假设和论点。但是，仅此而已。

虽然猜对了现实的各个方面，但答案到底是什么，终究还是让人摸不着头脑。

有人可能要对我的说法提出质疑了。反过来说，克里斯坦森先生为我们找到了有趣的现象和问题。他在进行全面的实证分析之前发表了论文，出版了著作，为我们准备了有意义的研究课题。这并不是在讽刺他。对于经济学家而言，这样的经营史研究是非常难得的。

幸运的是，正好我是扎根于理论的实证分析专家，所以我可以从经济学的角度来解释这个主题。

如果从经济学角度进行深入研究，包括创新者窘境出现的原因在内的各种问题都将迎刃而解。而且，一旦情况变得明了，我们就可以从大局出发来回答"我们应该怎样做"这样的问题了。

这就是管理学和经济学的分工。将天然的食材和成熟的烹饪方法结合起来会让人产生对食物的新看法。我非常喜欢这样的研究。

实证分析的步骤[①]

我们已经在第 1 章中介绍了实证分析的主要内容。我们先按照以下步骤回顾一下。

第一步：测量替代效应［理论（1）］的程度 = 预测需求侧（需求函数）。

第二步：寻找竞争［理论（2）］的原因 = 预测供给侧（供给函数）。

第三步：测量能力差距［理论（3）］= 投资成本（沉没成本）的估算。

---

① 如果你对第 6～9 章的内容感到困惑，那么你可以先阅读第 10 章。

××函数、预测等术语会蜂拥而至，让人一下子摸不着头脑。不过我会按顺序说明它们，所以你现在不用死记硬背。

首先，希望大家能够根据自己的印象，绘制出类似金字塔或者塔形公寓的建筑，如图6-1所示。

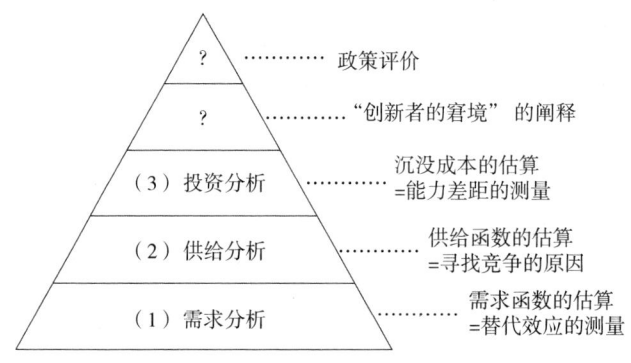

```
          ?        ………… 政策评价
         ? ?       ………… "创新者的窘境"的阐释
    （3）投资分析   ………… 沉没成本的估算
                           =能力差距的测量
   （2）供给分析    ………… 供给函数的估算
                           =寻找竞争的原因
  （1）需求分析     ………… 需求函数的估算
                           =替代效应的测量
```

图6-1　实证分析的三个步骤

测量、挖掘地面、打地基、搭建脚手架、搭建骨架、将建筑材料连接起来……让人感觉建筑物的高度在不断攀升。这种方法被称为结构分析，它是一种理论和实证分析相结合的方法。具体地说就是：

- 第6章（即本章）是步骤（1），即替代性－需求；
- 第7章是步骤（2），即竞争－供给；
- 第8章是作为步骤（3），即能力差距－投资的准备，即考虑投资。
- 在第9章中对步骤（4）进行正式分析，以及基于以上所有结果的模拟分析［步骤（4）］，为阐释创新者的窘境这一课题画上句号。

通过这些步骤，我们既可以从数据中找出扎根于理论的模型（数学公式），又可以以完成的实证模型为沙盘，来模拟虚拟剧本

第6章 对"窘境"的阐释：需求

（即图 6-1 中金字塔的第四层和第五层。我们会进行这样的虚拟模拟，但那是将来的事，所以在现阶段，我们会用"？"来表示）。

与第 1～5 章的内容相比，我们现在要介绍的内容更正式，因为我们已经不是在介绍入门级的经济学术语了，而是在开始迈入世界最尖端的经济学研究领域了，而且每一步都很坚实。如果不把大石头一块一块地抬起，再仔细地堆砌起来，我们就无法建造出坚实的金字塔。因此，即使是那些毫不费力就读完本书前半部分的读者，他们在读到第 6～9 章时也会感觉像是在攀登险峰，中途可能会觉得疲惫不堪。这并非毫无道理，请大家做好心理准备。

这时，我希望大家可以一口气读到第 10 章，那里画着金字塔建成后的风景。

金字塔的内部构造是怎样的，那里有什么宝藏和陷阱……这些问题等你日后有兴趣时再翻看一遍本书就可以了。从这种意义上说，第 6～9 章不是必修课，而是选修课。

但是反过来，如果你对金字塔的设计图、建造过程、设计理念和建造过程中发生的意外感兴趣，希望你看一下本书的目录，挑出自己感兴趣的部分来阅读。因为本书前言中宣称的经济学的严谨并不是研究的结论，而是体现在一步一步的研究过程中。

谁都会说出一些结论，即使毫无根据也能说。

顺便说一下，这个世界上没有真正的关于结构分析的教科书，从来就没有人写过这样的书。

步骤（1）：如何测量替代效应的程度

先不说那些鼓舞人心的话，我们先从测量第一个理论，即替代效应的程度开始。我们要如何做呢？

替代性是指两个以上的产品相互竞争来争夺买方（需求）市场。这样看，我们好像有必要从数据中测量出产品之间的竞争程度。

正如我们在第 2 章中学到的，当产品之间的替代性较高时，即当两个以上的产品接近于同质化产品时，竞争程度就会提高。

相反，如果新产品和旧产品不太相似，而且具有差异化，那么这种差异化产品之间的替代性就很低，围绕同一买方市场展开竞争的概率也很低。即使推出新产品，旧产品的销售额和利润也不会减少（不会产生替代效应）。

因此，测量替代效应的程度 = 测量需求的替代性（产品的差异化程度）。

作为一个市场指标，我们可以将其理解为当新产品降价时，旧产品的销量会减少多少，或者当旧产品降价时，新产品的销量会减少多少。

我们可以以此对测量结果进行数值化处理。具体来说就是，测量一下当竞争产品降价 1% 时，本公司产品的销售数量会减少的百分比，我们将其称为需求弹性。比如，如果新产品降价 1% 的结果就是旧产品的销量减少 2%，那么新旧产品之间的需求弹性为 2（=2% ÷ 1%）。

大致的标准是，如果需求弹性的数值超过 1 或 2，则存在弹性（＝竞争激烈）；数值低于 1，则是非弹性的；如果弹性为零，那么这两种产品就不存在竞争关系，它们可能根本就不是在同一市场上竞争的产品。比如，这本书就算降价 20% 也不会影响成城石井超市中出售的意大利生产的西红柿罐头的销售额，因为两者之间根本不存在竞争关系。但是，如果本书的电子书价格下降了 20%，那么纸书的销售额会不会减少呢？因为内容几乎相同。

当然，世界上也会发生类似"竞争产品降价了，我们公司的销售额为何反而增加了"这样不可思议的事情。比如，本书的电子书价格下降的结果是电子书的销售额增长，新读者数量增加。然而，像本书这样，在电子终端上阅读时需要反复阅读前后章节会很不方便，结果，读了一半电子书的新读者还是会购买纸书。

如果出现类似的情况，电子书降价会导致纸书的销售额增加也就不足为奇了。但是对这种情况的分析太烦琐了。如果要认真分析，恐怕还需要其他理论和数据。因为这与本书的主题没有直接关系，我们暂且不做讨论。

回到正题上来，测量需求弹性就是测量价格和销售数量之间的因果关系。

如何从数据中计算出需求弹性（因果关系）

因此，测量替代性程度就意味着测量需求弹性，也就是产品价格（P）与销售数量（Q）的关系。

如果想仔细研究这些课题，运用第 5 章中学到的实证方法应该就能找到方法。

作为初步的数据分析，如果我们将硬盘驱动器产品的价格（P）与销售数量（Q）绘制成散布图，那么这两个变量之间的关系就会显现出来。

然后，我们对 P 和 Q 进行回归分析，两者的关系就明确了。这听起来是正确的，但实际上是错的。

如果使用 P 和 Q 绘制散布图并对它们回归分析，确实可以确定这两者的关系。这种想法的方向性是正确的。但是，这种关系是相关关系，而不是因果关系，所以，如果单纯地进行回归分析，真正的因果关系就会被清晰地展现出来。从这个意义上说，这是错的。

只要能测量出相关关系，是不是因果关系不就无所谓了呢？

很遗憾，这种想法也是错误的。我们想知道的需求弹性是指当 P 下降时，（作为结果的）Q 会发生变化。

说到底就是，我们有必要了解 P 与 Q 之间的因果关系。

如果只是通过普通的回归分析（这里指的是包含很多统计方法和机器学习方法在内的狭义的数据分析），那么无论你如何分析，得到的都只能是相关关系。

为了应对这种情况，计量经济学准备了几种高级方法，其中之一就是控制变量法。本书不是计量经济学的教科书，有兴趣的读者可以自行学习。我认为，只要存在既不是 P 也不是 Q 的第三变量 Z，而且如果 Z 满足特定条件，就可以利用 Z 来求出 P 和 Q 的因果关系，条件是 Z 只和其中一方具有很强的关系。

我们将这样的变量 Z 称为控制变量。如果我们利用该变量进行统计分析，比如两阶段最小二乘法，就会得出 P 和 Q 的因果关系。控制变量在对因果关系进行数据分析时会发挥重要作用。

看上去如此有用的第三变量也不一定总能奏效。另外，即使暂时有用，某个变量是否真的就能满足特定条件呢？这不仅是有无数据的现实障碍，也是一个逻辑想象力的问题，即因果关系只存在于我们的头脑中。

对于数据分析而言，控制变量是否包括在数据中，是否真的具备作为控制变量的资格，这些都是相当大的挑战。

幸运的是，在我得到的硬盘驱动器市场数据中，不仅有新旧产品各自的 P 和 Q，而且包括第三变量 Z。现在，我们回归正题，顺便也稍微了解一下硬盘驱动器市场的数据和历史。

关于新旧硬盘驱动器产品的价格（P）和销量（Q）的原始数据

这些数据来源于 1977—1999 年的行业资料和报告，其中与本次数据分析直接相关的是 1981—1998 年的部分。在此期间发生了从 5.25 英寸硬盘到 3.5 英寸硬盘的新老交替的重要事件。我们将前者称为旧产品，将后者称为新产品。

首先，我们整理出相当于 P 和 Q 的数据，图 6-2 和图 6-3 分别展示了每年的硬盘驱动器的价格（全球平均价格）和销售数量（全球总量）。如图 6-2 所示，硬盘驱动器的价格（P）每年都在下跌，而如图 6-3 所示，硬盘驱动器的销售数量（Q）却在急剧增长。

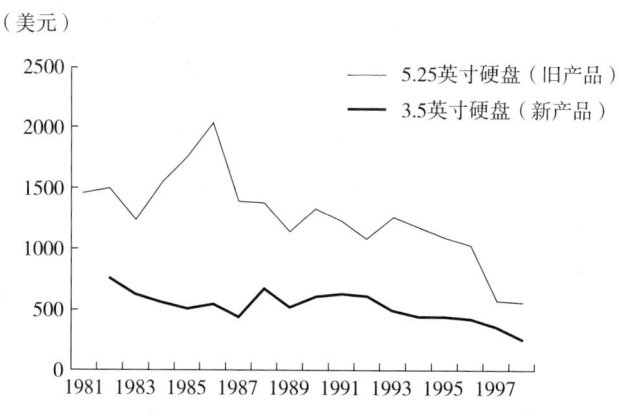

图 6-2　新旧硬盘驱动器产品的平均价格（P）

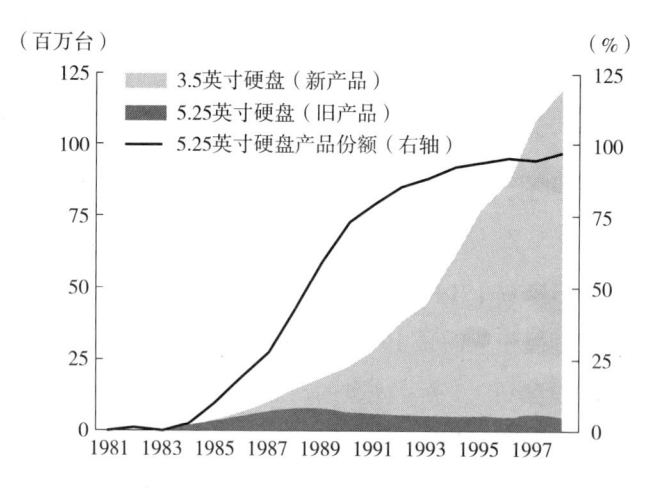

图 6-3　新旧硬盘驱动器产品的销售数量（Q）与新产品的市场份额

个人电脑首次面向普通大众发售是在 1981 年。硬盘驱动器（5.25 英寸或者 3.5 英寸）是个人电脑的主要零部件之一，所以其历史由此开始。虽然个人电脑当初只不过是硅谷的极客们的玩具，但是 20 世纪 90 年代，个人电脑开始在很多企业和政府机关中普及。随着互联网的出现，以及微软公司 Windows95 操作系统的发布，个人电脑开始走入普通家庭。

产品价格的下跌反映了制造技术的进步。集成电路上可容纳的元器件的数目约每隔 18 ～ 24 个月会增加一倍，这就是著名的摩尔定律。而在硬盘驱动器行业中有克莱德定律（Kryder's Law），即硬盘驱动器的存储容量每隔 12 个月就能提升一倍，如图 6-4 所示。

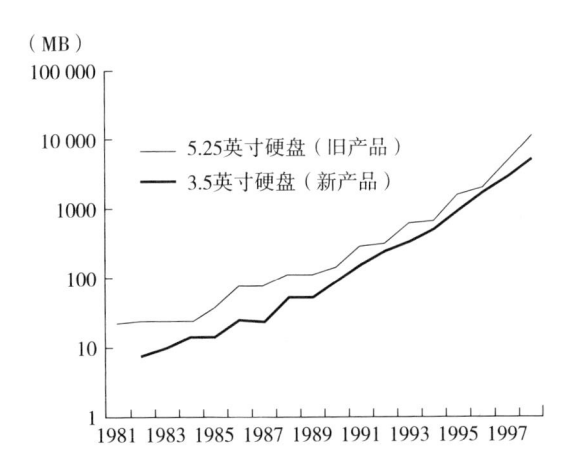

图 6-4　新旧硬盘驱动器产品的性能（存储容量）

硬盘驱动器的工作原理是这样的：将带磁性的大量粒子喷涂在铝制或玻璃制的圆盘（磁盘）上，根据每粒朝向 N 极还是 S 极移动来记录数字信息（用 0 或 1 的二进制表示）。如果将这些磁性粒子以更高密度喷涂在圆盘上，就能在同一圆盘上存储更多的信息。整个行业都在为了实现高密度喷涂而进行技术改良，结果就是实现了克莱德定律。

得益于此，作为硬盘驱动器主要材料的磁盘的性能在逐年提高，其零部件成本也在不断降低。

用硬盘驱动器零部件成本（Z）这个变量来挑战控制变量法

我们想知道的是 P 和 Q 的因果关系，因此需要只与 P 和 Q 中的任何一个具有很强关系的控制变量 Z。有这样的数据吗？

答案是肯定的。

正如克莱德定律所说，硬盘驱动器的价格（P）在随着硬盘驱动器零部件成本（Z）的降低而下降。然而，几乎每年都自动降低的硬盘驱动器零部件成本（Z）与硬盘销售数量（Q）没有直接关系。

严格地说，Z 和 Q 的关系实际上不就像是两个人在暗地里交往吗（零部件成本的降低也有可能是因为销售数量的增加）？如果这样怀疑下去就可能会停不下来，这种事情我们还是忽略不计比较好。

因此，我们认为硬盘驱动器零部件成本（Z）具有作为控制变量的资格。如果使用该方法进行类似两阶段最小二乘法的深入的回归分析，就可以测量 P 和 Q 之间的因果关系，即需求的弹性。

"价格高就卖不出去"这一经济学的基本需求规律可以根据现实的数据得出。

以上这些（谨慎的）回归分析告诉我们：新产品（3.5英寸硬盘）和旧产品（5.25英寸硬盘）之间有相当高的替代性；具体来说，如果新产品降价1%，购买旧产品的人会减少2.3%。我们由此可以判定，新旧产品之间的需求弹性为2.3。

以上就是实证分析的第一步，测量替代效应的程度，即对需求的预测，如图6-5所示。

因为新旧产品之间的替代性高，所以即使发生替代效应，并引发市场侵蚀也不足为奇了。当我们接下来完成步骤（2）和步骤（3）以及对整个模型的分析时，如果不存在替代效应，那么成熟企业的创新会是什么情况呢？这种非现实虚拟似乎就有一定的价值了。

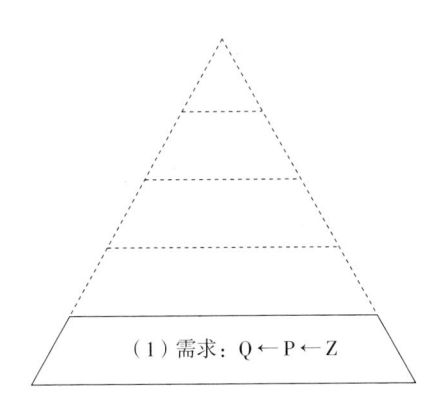

（1）需求：Q←P←Z

图6-5　对需求函数的预测，步骤（1）完成

关于需求预测，我会为经济学专业的学生或者有更多经济学知识的人进行补充说明。

第一，本章所说的需求弹性主要是指两种产品价格的交叉弹性。有些地方简单地说成 P 和 Q 的关系可能会与价格弹性出现混淆。但是，与替代效应有关而出现的都是交叉弹性。

第二，新旧两代的硬盘驱动器在性能（存储容量和可靠性）和大小（5.25 英寸和 3.5 英寸）这两个方面都属于差异化产品。因此，为了进行严格的分析，我们就需要对差异化产品的需求建模。

实际上，我使用的是被称为离散选择模型的分析工具，它是由加利福尼亚大学伯克利分校的丹尼尔·麦克法登（Daniel McFadden）教授于 20 世纪 70 年代提出的。丹尼尔·麦克法登教授也因其在离散选择模型研究方面的贡献而成为 2000 年诺贝尔经济学奖得主。

差异化产品的需求分析方法在 20 世纪 90 年代以后成了实证研究和产业组织理论的代表性工具。第 2 章中出现的水平差异化和垂直差异化都只能在编制好数学公式后，才有可能与现实数据进行对照。

近年来，欧美国家的一些反垄断机构也开始在并购审查中使用这种实证分析方法。

提出这些分析方法的是哈佛大学的阿里埃尔·佩卡斯教授、耶鲁大学的斯蒂芬·贝利和他们的学生。现在，以他们为核心进行的以下多个方面的研究都在迅速向前推进：

- 为了捕捉更现实的数据情况在理论和方法方面的扩展；
- 除了狭义的行业，这些方法在教育、医疗和劳动等经济学各个领域的应用；
- 一般而言，在什么样的数据情况下才能对模型进行识别？

在这个领域中，会有经济学家获得诺贝尔奖已成定局。但是，即使是经济学专业的大学生和研究生，恐怕也只有一小部分人接触过产业组织理论和最先进的实证方法。

这些分析方法应用范围极广，有机会的话，大家可以去了解一下。

第7章
Chapter 7

对"窘境"的阐释：供给

以现实的硬盘驱动器市场为参照的对创新者的窘境的阐释工作开始了。

在第 6 章中，为了测量拖成熟企业后腿的替代效应的程度，我们使用数据对新旧产品之间的替代性（即需求弹性）进行了谨慎的回归分析。这是步骤（1）。需求预测属于实证分析中的基础部分。

本章进入步骤（2）。我们要对与侵蚀起相反作用的竞争效应进行实证分析。

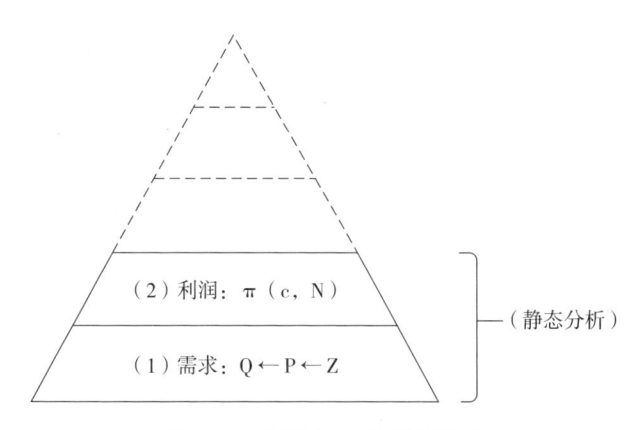

图 7-1　步骤（2）分析供给侧

（2）利润：$\pi(c, N)$
（1）需求：$Q \leftarrow P \leftarrow Z$
（静态分析）

虽然将三章介绍领先博弈论的内容编入实证模型的框架有难度，但只要一步步地按照计划去做就没有问题。

"先生"不感兴趣或者无敌时

首先，让我们来想想领先的诱惑究竟从何而来吧。

假设我们公司的利润为 100 亿日元。不管有没有竞争对手，不管销售新产品的竞争对手是一家、五家还是十家，公司的利润都仍然是 100 日元。

这是一种极端的情况（情况 A）。在这种情况下，我们有必要为是否要领先创新而烦恼吗？是否需要像小说《心》中的"先生"那样做出最后的决定呢？

也许有人会说，不，不需要。

无论有多少竞争对手，无论它们的新产品投放情况如何，只要我们公司能够获得同样的利润，就没有必要考虑要领先于竞争对手。

我们可以想象一下，如果小说《心》中的那位为三角关系而苦恼的"先生"是一个对房东的女儿没兴趣的角色，或者是一个无论竞争对手 K 向房东的女儿告白也好，与她交往也好，他都确信自己能够获得她芳心而成就美好结局的角色，那么也就没有必要比 K 先得到房东的女儿了。这样的小说也许就没什么意思了，反正抢先一步没什么诱惑。

与之相反，有另一种极端的情况（情况 B）。如果一旦竞争对手推出新产品，我们公司就会立刻倒闭（利润瞬间消失），或者如果我们公司在创新方面取得了成功，就可以立即让所有竞争对手关门（竞争对手的利润为零），那么在这种情况下，我们就不必为创新的时机而烦恼。因为，创新已经刻不容缓，除了迅速推出新产品以外，没有其他生存之道。

总结上述两种情况，我们可以得出以下结论。

- 情况 A：竞争对手的动向完全不会影响我们公司的利润，领先没有诱惑。
- 情况 B：竞争对手的动向决定我们公司的生死，领先的诱惑最大。

以上是两种极端的情况，在现实中很少出现。包括硬盘驱动器行业在内，现实中很多情况都处于两极之间，中庸之道才是真理。

领先创新的诱惑从何而来

实证分析的作用在于找出现实中的硬盘驱动器行业具体处于中间的哪个位置，更具体地说就是从数据中找出竞争对手存在与否或者有没有推出新产品，每家企业的利润会发生多大变化，测量利润增减的程度，并使其数值化。这是很重要的一点。为了使主题更明确，我们再换个说法，即找到领先的原因就是测量竞争对手公司的数量（以及各公司的新技术引进情况）对个别公司的利润的影响。

在本章中，我们讨论的主角就是这两个变量。我们将竞争对手公司的数量称为 N，将个别公司的利润称为 π（请注意，它与圆周率无关）。

因此，为了找出领先的原因，我们就必须对 N 和 π 的因果关系进行实证分析。说到这里，我们就能渐渐看出第 3 章中所提到的不完全竞争理论与第 5 章所提到的实证方法之间的关系了。

古诺的观点和伯特兰德的观点

不完全竞争理论是一个非常有用的框架，它能够捕捉到多个主要市场玩家在现实中的大多数市场中进行战略性竞争的情况。

作为其代表性的例子，不知道你是否还记得我们已经介绍过的、活跃在 19 世纪的两位法国数学家古诺和伯特兰德的观点。

古诺（数量）竞争的观点与伯特兰德（价格）竞争的观点不同，利用这两种观点对 N 与 π 的因果关系进行理论预测的结果也不同。

此外，你还记得产品间有无差异化（同质化产品和差异化产品）也会影响这一预测结果吗？

现在，请你再看看第 3 章中的表 3-1。

如表 3-1 所示，从竞争类型和产品差异化程度来看，个别公司的利润（π）与竞争对手数量（N）的关系就很明确了：

- 在古诺的世界里，随着竞争对手数量（N）的增加，利润（π）逐渐且平稳地减少了。
- 在伯特兰德的世界里，只要有一位竞争对手（N），利润（π）

就一下骤减至零（同质化产品）；
- 同样是伯特兰德的观点，在差异化产品的情况下，也变成了与古诺的观点相似的（平稳的）利润函数。

利润函数的字面含义看起来有点学术化，但它的意思只不过是把 π 视为 N 的函数（根据 N 的值的变化而变化），所以写成 $\pi(N)$ 这样的函数形式也可以。

因此，我们会想，随着 N 的增加，π 会减少（或增加）多少呢？换句话说，我们想要估算出利润函数 $\pi(N)$。

这才是研究 π 和 N 的因果关系的分析工作。

那么，我们要如何看待现实世界中硬盘驱动器制造商的利润与竞争度呢？我们来讨论以下三点。

第一，两者的竞争是古诺（数量）竞争还是伯特兰德（价格）竞争呢？我们不能一概而论。当然，现实中的企业每天都在数量和价格这两方面做着不同的判断，同时也在处理各种各样的事情。

创建一个包括所有这些因素和变量的数学公式（模型）虽然容易，却毫无意义。

理论模型是以现实世界中各种不同的方面和情况为对象，对事物之间的关系用数学方式进行简化。只有这样做，才会突出其中的运作机制，我们才有可能搞清楚其中的关系。所以，类似"数理模型不具有现实意义"这样的观点实际上误解了正式分析的目的。

我们在第 5 章中强调，不知道自己想要什么的人是绝对不会得到它的。而所谓的"建模"正是删减除了自己想要的东西以外的东西的工作。

至于古诺理论和伯特兰德理论，问题并不是哪一个理论是正确的或错误的。应该使用哪种理论框架需要根据研究目的（问题）和现实情况（行业情况）来综合判断。适合与我们一起进行实证分析的伙伴是古诺还是伯特兰德？由于现在缺少决定性的环节，所以我们暂时保留观点，等我们仔细研究完其他材料后再做决定。

第二，关于产品之间的差异化程度，我想指出以下两点。

首先，新产品（3.5 英寸硬盘）和旧产品（5.25 英寸硬盘）的产品规格已经有了差异化。我们已经在第 6 章中利用数据推算出了两者之间的差异化程度（需求弹性）。

其次，制造商之间的产品差异化并不明显。一旦我们仔细观察 3.5 英寸和 5.25 英寸硬盘的内部构造，就会发现各公司生产和销售的产品大同小异。也就是说，新旧产品接近于同质化产品。

每个硬盘驱动器的存储容量（在 20 世纪 90 年代，当时的硬盘驱动器的容量是 100MB 或者 1GB。2018 年，硬盘驱动器的容量已经提高到 5TB、10TB）有不同的等级，但各个顶级制造商的产品阵容都是相似的。结果，所有人都在卖同样的东西。

与计算机相关的很多产品都是如此。20 世纪 80 年代中期，行业标准被确立，产品也就被固定了，硬盘驱动器也开始商品化。也就是说，硬盘驱动器成了个别品牌差异化空间很小的通用产品。

希捷公司的 5.25 英寸硬盘和富士通公司的 5.25 英寸硬盘并没有像家乐氏的玉米片和卡乐比的格兰诺拉麦片那样存在差异化，它们的产品没有差别。

第三，从当时各家制造商的损益表等财务、会计信息可以看出，虽然很多公司没有多少利润，但也有很多公司达到了 10% ~ 20% 的毛利率。也就是说，虽然它们展开了激烈的竞争，但似乎它们的日子都还过得不错。

古诺的观点似乎更适合实证分析

希望你能在这里停下来，并和我一起思考一下。现在我们已经知道，硬盘驱动器产品的差异化是有限的；同一产品类别（同质化产品市场）中挤进了五家或者十家企业；各企业都有自己的利润。

从这些情况看，我们可以决定是使用古诺的理论还是伯特兰德的理论了。

我们应该使用古诺的理论。也就是说，古诺竞争模式更适合实证分析。因为在同质化产品市场上，有两家以上的制造商在竞争，而且它们都有各自的利润。

能够毫无矛盾地分析说明上述三点的只有古诺的理论。如果采用伯特兰德的观点，那么硬盘驱动器制造商的利润不为零才怪呢。

看来，我们要和古诺一起走下去了。

在这里，我要再次强调，数学模型是将现实简单化后进行逻辑分析解释的工具。企业的一举一动并不是古诺想象的那样。但是，在理解硬盘驱动器行业中企业数量（N）和利润（π）的关系时，它似乎起到了有意义的理论辅助工具的作用。

因此，不存在正确的理论，只有根据某种研究目的而存在的有意义的和能够发挥作用的理论。这与开车时使用道路地图、乘电车时使用路线图、登山时使用地形图的道理是一样的。

如果你忘记这一点，就会把生命浪费在毫无意义的争论上。希望大家能注意这一点。理论和已经建立的模型本身都是毫无价值的。

如何从理论出发来解释现实呢？

错误的建模过程才是真正宝贵的经验。正是这种经验使我们加深了对现实的认识和对理论的理解。

计算真实的利润必须知道真实的成本

虽然我们用了很多时间来研究法国数学家们的理论，但是能确保古诺的理论的可行性就是很大的收获。

收获？为什么说是收获？我会在下文进行解释。

先让我们回到原来的目标吧！我们正在寻找领先的根本原因。为此，我们有必要明确利润和竞争（企业数量）的因果关系。

另外，我们还要注意到，虽然"竞争"这个词被广泛使用，但它是一个非常抽象的概念，根据上下文的不同，其含义也会不同。

这里指的是制造、销售（几乎是）同质化产品的企业的数量。

在考虑利润和竞争的关系时，首先要明确我们的观点。对需求方（买方）而言，硬盘驱动器是同质化产品还是差异化产品呢？另外，当我们谈论供给方（卖方）的竞争情况时，我们是使用古诺模型还是伯特兰德模型比较好呢？在上一小节的内容中，我们讨论的结果是，对需求方（也就是买方和消费者）而言，除了 5.25 英寸和 3.5 英寸的规格不同之外，硬盘驱动器是通用产品，也就是同质化产品；对供给方（也就是卖家和生产者）而言，竞争的性质是古诺式的（制订了生产计划、确定了销售目标后，接下来就是销售团队的竞争）。

现在，距离"各公司的利润如何根据竞争对手的数量增减"的步骤（1）的目标还差一点点。

将利润数值化的最后一个步骤就是估算生产和销售成本。为什么这里会出现成本话题呢？那是因为：

$$利润（\pi）= 收入（P \times q）- 成本（C）$$

这一重要的方程式几乎支配着世界上所有的商业活动。

也就是说，利润（π）是从收入（$P \times q$）中减去成本（C）的结果。顺便说一下，q 之所以使用小写字母，是因为这里需要的是个别企业的销售数量（q），而不是整个行业的销售数量（Q）。

其中，由于我们已经在第 6 章明确了价格（P）与销售数量（Q）的关系，所以已经解决了关于收入的问题。

另一方面，我们还没有分析硬盘驱动器制造商支付的生产、销售成本（C）。

如果想知道生产和销售的成本，看一看财务数据不就知道了吗？之前也提到过，硬盘驱动器的毛利率不是10%或者20%吗？

这种说法既对，也不对。

如果是会计上的制造、销售、管理成本，它们的确会被记录在损益表上。但是对于经济学家而言，会计上的数据（大部分）是没有意义的。因为会计上的成本、利润与经济学上的成本、利润是完全不同的概念。

完全解释清楚这两个概念很难。我想说的是，真正的资本的成本是看不见的，也不会出现在账本上。

当我们关注资本进出时，所谓的交易和公司就是一种资本转换机器，它们能够将经营者自己的钱、其他出资者（股东）的钱或者其他人的钱（即向银行和客户借的钱）等从各种渠道筹措的资金转换成购买原材料和零部件、产品库存、机床和工厂、公司大楼、品牌影响力以及人才和技术等（所有与现金形态不同）的资本，也就是为了将来的收入而投资的资本。而且，如果投入的资本（即投资）能够创造出预期的收入（如果收入能够超过各种成本），投资就成功了。

问题在于，各种成本中包含了资本成本。如果认真考虑资本成本，就很难准确地计算出成本。

投资失败时，我们自然而然会想："用那笔钱能买到什么呢？""那段时间做些什么呢？""不应该在那么糟糕的地段开店。""不应该买那么糟糕的设备。""不生产那些卖不出去的产品就好了。""不买那种公司的股票，老老实实把钱存在银行就好了。""不建那种满是空房间的公寓就好了。""不去那种学校就好了。""如果不与那种人交往就好了。""如果不只顾着玩，而是认真学习经济学就好了。""如果不只顾着学习，多进行一些社交就好了。"

为了计算出花掉的钱和已经过去的时间的不可替代性，会计上会使用"折旧"这个概念。

投入的资本每年都会按一定金额（或一定比例）消失。我们可以想办法将金钱和时间的成本这些眼睛看不到的概念实体化。折旧就是这种会计处理。

但是，如何计算折旧主要还是取决于财务负责人和会计负责人。因此，在会计界甚至存在着这样的观点：现金是看得见的事实，而利润不过是观点而已。

要计算会计上的利润，首先要计算收入和成本。计算成本有很多需要斟酌的问题（收入，也就是销售额，应该以什么样的标准来计算实际上也是个棘手问题）。结果会随着想法和前提的不同而发生变化。

综上所述，我们认为很难计算金钱和时间的成本。所以，我们的结论是不能完全相信会计数据。

用古诺理论、需求倾向和相似三角形原理计算真实成本

于是，经济学家改变了想法，要从其他数据中倒推出真实成本，因为会计上的成本和利润会因管理者的想法而上下波动，直接使用它们是很危险的。

利用更可靠（容易客观地测量）的价格和数量的数据，并且灵活运用理论这种辅助工具，从而推算出合乎逻辑的真实成本，就像通过组合多种参考信息来判断是应该选择古诺模型还是伯特兰德模型一样，是一种通过组合拼图来解谜的方法。

就像古希腊人和埃及人应用相似三角形原理（以自己的身高和影子的长度为基础）来计算出金字塔的高度一样，根据已知事实推算出无法直接测量的东西是人类自古以来就会做的事情。

现在，古诺的理论派上了用场。根据古诺的理论框架，在价格、数量和成本之间，以下理论关系是成立的：

$$价格（P）+ 数量（q）\times 需求倾向 = 成本（c）$$

其中，我们已经掌握了价格（P）和数量（q）的数据，虽然需求倾向是首次登场，但它实际上也已经掌握在我们手中。

需求倾向和需求弹性几乎是相同的概念。在第 6 章［步骤（1）］中计算需求弹性时，我们同时也测量了需求倾向。

什么时候测量的?

在对 P 和 Q 的因果关系进行统计数值化时。还记得在第 5 章回

归分析中出现的散布图和直线吗？

只要我们知道了 P 增加的时候，Q 会增加（减少）多少，也就知道了适合于散布图的直线的切线和倾斜度。所以，当时出现的直线表示的就是需求倾向。

步骤（1）是步骤（2）的前提条件。金字塔必须一层一层地堆砌上去。

那么，我们再来看一下古诺的方程式。等号左边出现的三个变量（P、q 和需求倾向）都是已知的。我们只要进行加法和乘法运算，就能计算出等号右边的真实的生产、销售成本（c）。这都是一步一步、脚踏实地的功劳。顺便说一下，方程式右边的成本（c）是小写字母的 c，有以下两个理由：第一，和小写的 q 一样，它是个别公司的变量；第二，严格地说，这项成本相当于边际成本。为了与刚才用来表示成本总额的大写字母 C 区分，我们最好还是使用小写字母 c。要解释清楚边际成本要花很长时间，所以在此就不赘述了，感兴趣的朋友可以去读一下本章结尾部分的补充内容。

实战：推算硬盘驱动器的成本和利润函数

以上内容一直是关于实证分析这样比较抽象的话题。俗话说，百闻不如一见。在介绍了有关硬盘驱动器行业的生产厂家数量（N）的数据和行业历史的基础上，让我们来看看真实的生产、销售成本（c）的估算结果与利润（π）和公司数量（N）之间的因果关系。

首先，让我们从讲述行业历史开始。

硬盘驱动器行业的公司数量在 1987 年之前一直在增加，之后开始减少，如图 7-2 所示。当整个计算机相关行业处于黎明期或者市场开局期时，新兴公司进入市场的愿望非常强烈。那时，大部分公司都处于试验各种产品和生产方法的阶段。不久之后，固定的产品规格和最有效率的生产工序被确定，那些在产品品质和竞争力上处于劣势的小公司就会出现亏损。胜负一旦确定，市场就进入了成熟期或者中期，处于相对劣势的公司大量倒闭，被淘汰出局。经过这些考验，到 2000 年，世界上仅存不到 10 家硬盘公司。

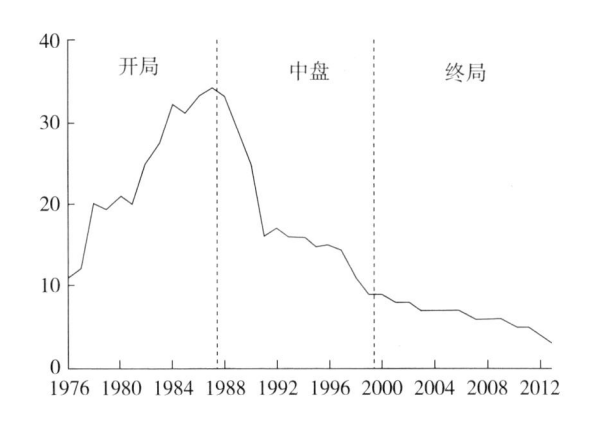

图 7-2　全球主要硬盘驱动器制造公司的数量（1976—2012 年）

末期，幸存者之间进行的并购使公司数量进一步减少。五家公司、四家公司、三家公司……市场结构接近于垄断。

这最后的过程（以及行业所期待的反垄断法和促进竞争政策）已经是另外的话题了，我就不做介绍了。我与其他专家的研究正在进行中，希望大家耐心等待。

我们可以图 7-2 中看出，中期时，公司数量还算多，但是获得并保持一定市场份额的公司比较少，如图 7-3 所示。另外，由于情况比较复杂，虽然图 7-3 上没有显示，但制造 5.25 英寸硬盘（旧产品）和 3.5 英寸硬盘（新产品）的公司之间已经出现了微妙的差异。

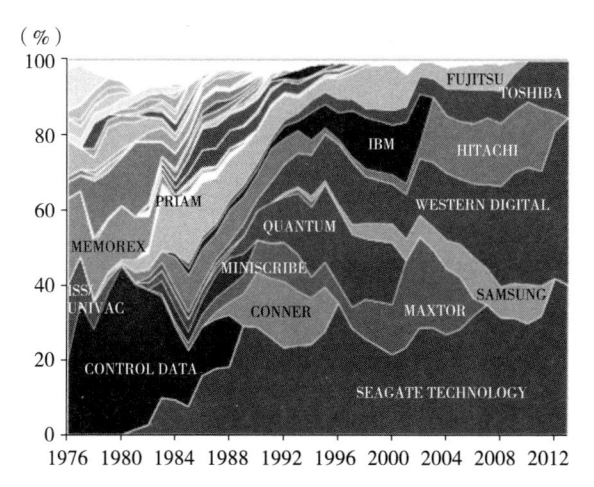

图 7-3　全球主要硬盘驱动器制造商的市场份额（1976—2012 年）

我们已经得到了公司数量的数据。现在，我们将（1）价格（P）的数据、（2）销售数量（Q）的数据、（3）需求倾向的估算值和（4）公司数量（N）的数据代入古诺的方程式。其中，（1）（2）（3）的数据来源于第 6 章。而（4）用的是图 7-2 中的数据。顺便将（2）和（3）用以下公式计算出每家公司的平均销售数量 q，这样就可以代入古诺的方程式了：

Q÷N=q（整个行业的硬盘驱动器销售数量 Q 除以公司数量 N）

结果，计算出的真实的生产、销售成本（c）正如图 7-4 所示的平均值。

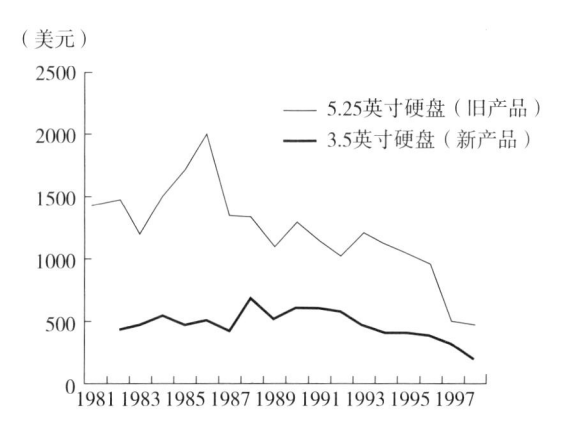

(美元)

```
2500 ——— 5.25英寸硬盘（旧产品）
2000 ——— 3.5英寸硬盘（新产品）
1500
1000
 500
   0
   1981 1983 1985 1987 1989 1991 1993 1995 1997
```

图 7-4　生产、销售成本（边际费用）的平均值

因为是用旧产品（5.25 英寸硬盘）和新产品（3.5 英寸硬盘）分别进行计算的，所以图 7-4 中有两条折线。虽然成本在某些年份是上升的，但整体而言，每年都在下降。尽管硬盘驱动器的性能（存储容量）逐年提高（如图 6-4 所示），但每块硬盘驱动器的生产、销售成本却下降了很多。也就是说，无论是在技术创新方面还是在产品创新方面，硬盘驱动器产品都实现了飞跃式的发展。

请注意，在比较价格（P）图（见图 6-2）和成本（c）图（见图 7-4）时，我们会觉得它们很相似。如果不仔细观察，甚至会觉得它们一模一样。这是为什么呢？

在同质化产品市场上，如果有多家企业共存，竞争就会导致薄利多销（或薄利少销）。市场价格（P）容易下跌，纯利润（P − c）就变得非常低。因此，P 和 c 几乎相同。这样下去，利润太低，我们就很难看到了。因此，我们进行了一项反现实模拟实验。我们假设全球只有三家硬盘驱动器制造商，看看它们能创造多少利润，如图7-5所示。

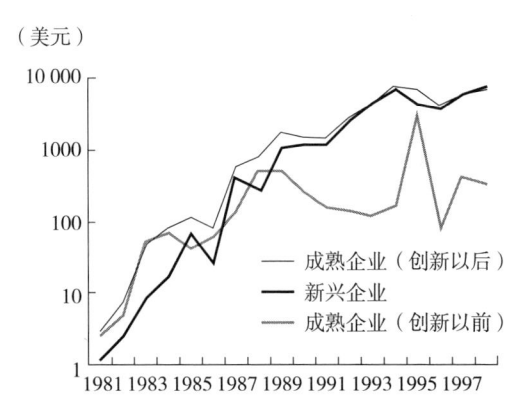

图7-5 三家硬盘驱动器制造商的成本和利润

为了让你更清楚地了解推出新产品带来的好处，我们假设这三家硬盘驱动器制造商的详细情况如下：

- 将生产、销售新旧两种产品的制造商（已经进行创新的成熟企业）的利润记为 π（两）；
- 将只生产、销售旧产品的制造商（成熟企业进行创新前的状态）的利润记为 π（旧）；
- 将只生产、销售新产品的制造商（新兴企业）的利润记为 π（新）。

这样一来，三种类型的企业就各有一家了。

新产品的人气在最初的10年中并不高，所以新兴企业的利润与旧产品制造商并没有太大区别。20世纪80年代的 π（新）和 π

（旧）不相上下。但进入 20 世纪 90 年代后，市场对新产品的需求突然大幅增加。如果只靠旧产品，利润就会越来越低。与 π（新）和 π（两）相比，π（旧）相当低。

这时，如果成熟企业下定决心进行创新，那么就可以轻松成为赢家。严格地说，仅凭图 7-5 是无法判断的，π（两）和 π（新）比 π（旧）的金额要大得多，所以很明显，这对创新一方是有利的。尽管如此，现实中没有进行创新就消失的制造商也有很多。这里好像有什么重要线索，我们稍后再进行讨论。

图 7-6 展示的是我们从数据中推算出的利润函数。我们对 π 与 N 的因果关系进行了图表化。为了更直观，我们以 1990 年的情况为例。数字的大小会随着年份而变化，但是无论在哪一年，竞争对手数量（N）增加，利润（π）都会减少。

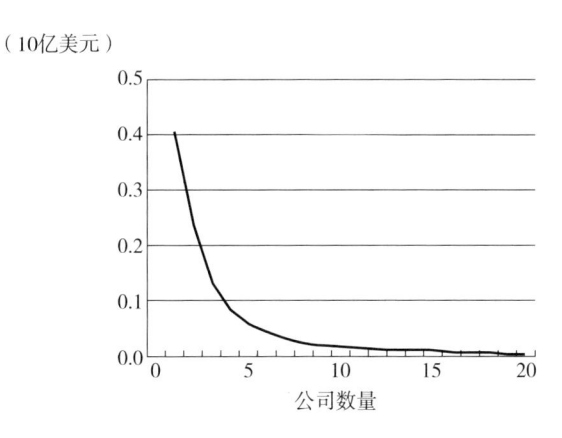

图 7-6　利润函数（以 1990 年为例）

正如本章开头所描述的，领先竞争对手推出新产品的好处（或落后于竞争对手的坏处）取决于当 N 增加时，π 减少的速度，因此，利润函数 π（N）倾斜的缓急是很重要的。现在，让我们仔细观察一下。

我们从图 7-6 中可以看出，如果你没有竞争对手，也就是说，如果是垄断（N=1）状态，你每年的利润就将达到 4.2 亿美元（约 400 亿日元）；如果你有一个竞争对手，也就是说，如果是双寡头（N = 2）状态，那么你每年的利润将骤减为 1 亿美元（约 240 亿日元）。

正如我们在第 3 章看到的，如果竞争对手进入市场，不仅会使每家公司的客户数量（销售数量 q）减半，两家公司之间的竞争也会使硬盘驱动器的市场价格（P）下降。这样会对 q 与 P 形成双重打击，与垄断状态相比，利润也将锐减一半。同样，如果是三家、四家、五家公司竞争，每家公司的利润会逐步下降至 140 亿日元、90 亿日元和 60 亿日元。

就算有这么多公司（N = 3, 4, 5），市场还是由少数企业控制着，也就是说，我们还可以称这种情况为寡头垄断。但是与竞争对手是少数公司的情况不同，与垄断的情况相比，利润已经非常小了。如果双方都有某种差异化产品，就可以缓解因竞争引起的价格下跌，但是在硬盘驱动器这种同质化产品市场中，如果有五个市场玩家，竞争就会变得相当激烈。

但是，我们也应该注意利润下降的速度变慢的情况。如果 N 增加，π 就会减少，但是下降幅度小。

- 从垄断（N=1）到双寡头（N=2）：420 亿日元 − 240 亿日元 = 下跌 180 亿日元（43%）。
- 从 N=2 到 N=3：240 亿日元 − 140 亿日元 = 下跌 100 亿日元（42%）。
- 从 N=3 到 N=4：140 亿日元 − 90 亿日元 = 下跌 50 亿日元（36%）。
- 从 N=4 到 N=5：90 亿日元 − 60 亿日元 = 下跌 30 亿日元（33%）。

滑雪时，山上会有很多适合熟练者练习的陡坡，但到了山脚下，斜坡就会变得平缓。这些数据恰好给了我们这种感觉。

从陡坡上跌落是最痛的。失去垄断地位同样也会带来伤害。

反过来说，领先竞争对手、率先进行创新以及防患于未然（提防那些带着新产品进入市场的创业家、新兴企业）的好处与垄断的好处一样大。我们已经在第 3 章中列举了许多实例来说明这个道理。

由此可见，领先的诱惑是相当大的。

如图 7-5 所示，我们在本章中计算出了 1981 年、1982 年……每年的利润函数。用符号表示的话，就是 $\pi 1981(N)$、$\pi 1982(N)$……$\pi 1990(N)$……$\pi 1998(N)$。这些数据已经掌握在我们手里了。真是一次大丰收。

通过以上实证分析，我们已经完成了静态分析的部分［步骤（1）和步骤（2）］。然后，我们将正在做（动态的）趋势预测的企业和它们在战略（理论）上互相竞争的情况等资料有机地结合在一起，就可以进行动态分析了。这就是步骤（3）。

但是，具体的分析工作并没有像口头说的那么简单。即使是那些专业的经济学者，也会在听到"动态""预见性"这些词汇时瞬间感到恐慌。我们应该小心谨慎，以免在滑雪时遇到危险。

因此，在第 8 章中，为了让大家习惯动态思考的框架，我们用黑色恋人、白色恋人和大富翁（桌游）这样的具体例子来锻炼一下我们的思维方式。这看起来虽然与创新者的窘境毫无关系，但它们在某些方面是相通的。

关于边际成本

边际成本是经济学基础中的基础。

手头有经济学教科书的朋友可以翻开有关垄断理论的内容。你会发现，价格（P）+ 数量（q）× 需求倾向 = 成本（c）这一方程式来自古诺竞争中企业利润最大化的前提条件。

这种将理论作为辅助工具使用，从现实数据中倒推那些直接用眼睛看不到的东西的方法是由斯坦福大学的蒂莫西·布雷斯纳汉（Timothy Bresnahan）教授和西北大学的罗伯特·波特（Robert Porter）教授在 20 世纪 80 年代提出的。这种理论和分析方法至今仍在产业组织理论的实证研究中发挥着核心作用。

这两所大学与第 6 章结尾的补充内容中提到的哈佛大学

和耶鲁大学一样，都在继续培养这个领域的下一代研究者。直接接受波特的思想的日本经济学家也有很多，我硕士的指导教授、东京大学大桥弘教授就是其中的佼佼者。加利福尼亚大学伯克利分校的川合庆、耶鲁大学的上武康亮、新加坡管理大学的大西健等人都在西北大学获得了博士学位。另外，亚马逊公司日本分部的高级经济学家渡边安虎也曾在西北大学执教。

言归正传。我们在第 3 章结尾处提到了企业利润的决定因素。哈佛大学的迈克尔·波特教授的竞争战略理论非常有名，那其实就是将 20 世纪 70 年代之前对产业组织理论进行改编的成果用于商学院的教学。

与此相对应的是将理论作为辅助工具来分析数据。这是罗伯特·波特学派经常使用的实证方法。这种方法在 20 世纪 80 年代之后得到了发展。因此，本章的分析采用的不是迈克尔教授的旧方法，而是罗伯特教授的新方法。由于两者的基本目标都是对竞争和利益关系进行实证，所以产业组织理论和竞争战略论就如同"本身"和"分身"的关系。

第8章
Chapter 8

培养动态的思维方式

在步骤（3）中，我们将开始分析投资，即一边期待未来的利润，一边承担成本的行为。金字塔的第三层从这里开始，再加上预见性的动态分析的确有点复杂，大家可能会感觉有点难。

如果我们直接对硬盘驱动器行业进行动态分析，就可能会遇到很多难点。还是让我们先多接触一些简单的例子来培养一下思维方式吧！

"吃小亏占大便宜"适用于一切投资

本书所说的"投资"主要是指新产品的研发和推出，即产品创新，但投资并不仅限于创新。例如，进入和退出市场在广义上也是一种投资行为。因为，所谓进入市场是指作为市场参与者，寻求通过进入特定市场、领域和行业享受未来的收益，并为此必须支付必要的初期成本；而退出市场是指在无法预见继续参与现有市场的好处时，卖掉经营工具和资产（在没有买家的情况下，只能处理旧资产）的行为，这正好是一种与进入市场相反的逆向投资。这和买卖股票的道理是一样的。

如何计算未来的收益是这种动态分析的关键之处。但是，谁都不知道未来会发生什么事情。如果是一般的金融业务，就可以在Excel等电子表格中填入"明年以后每年的预期利润"。如果有能力，我们不妨对收益进行多种预测，并分别对基础预测、乐观预测和悲观预测进行讨论，如表8-1所示。

表 8-1　　　　　　　　　　利润预测表

年度实际收益/预测	2014	2015	2016	2017	2018	2019	2020	…	2032	2033	2034	…
	实际收益	实际收益	实际收益	实际收益	预测	预测	预测	…	预测	预测	预测	…
利润（万日元）												
基础预测	1340	1360	1380	1400	1420	1440	1460	…	1660	1680	1700	
乐观预测	—	—	—	—	1600	1800	2000	…	5000	7000	9000	
悲观预测	—	—	—	—	1400	1400	1400	…	1400	1400	1400	

注：因为利润=收入－费用，一般情况下，除了利润，作为前提的收入和费用（以及主要的明细）也一起写出来会比较好，但在这里只是给大家描述一下大概情况。

例如，当我们出于租赁目的而兴建公寓的时候，可以与建筑公司或者房地产公司进行协商。我们可能会得到这样的意见："如果在这个地区租这么大的房子，市场价格大概是这个样子。""有很多单间学生公寓都租不出去。我们还是不要建了。""如果是像样的两室一厅，10万日元一套的租金也会受到30岁以上人士的欢迎的。"

我们必须先判断一下计划要建的公寓未来的收益是否划算。虽然我们不知道这样的预测有多准确，但是我们可以先计算一下预计的收入和支出。

最大的支出就是初期的建筑成本。对于这部分成本，一般都会从银行贷款几千万日元。银行方面不仅要审查公寓的收支计划，而且要对贷款人（房东）偿还贷款的利息和本金的经济能力进行审查，同时还会对其信用度进行审查，比如他们是否会因欠债而连夜逃跑、除了公寓外是否还有其他收入来源、是否能得到担保人的信任等。

提到银行贷款，大家总觉得很麻烦，但预测公寓的收入却比较简单。总而言之，我们现在以支付建筑费用作为成本来谋取未来的租金收入这种收益，这就是一种投资行为。按照表8-1计算，第一年的收益（称为$\pi 1$）由于支付了建筑成本（或者银行贷款）变成了负数，也就是出现了亏损，但如果项目进展顺利，从第二年开始，由于租金收入的增加，收益（$\pi 2$、$\pi 3$、$\pi 4$……）会变为正数，也就是说，我们的项目开始盈利了。

请注意，我们在第7章中已经说过，π只是使用了与利润（profit）英文一词的首字母p相对应的希腊字母而已，与圆周率无关。

谁都无法知道未来会发生什么事情，但作为基础的预测版本，我们要分析附近公寓市场的情况，比如租客的数量（需求）以及公寓的数量（供给）。一般而言，市场情况不会有太大的变化，租金收入大体上也是固定的。维护费、房贷等费用也基本固定。在第10年或第20年这些关键年份最好进行一次房屋整修，最好也事先预估一下费用。

为了与其他预测区分开，我们将计算结果记为$\pi 2$（基础）、$\pi 3$（基础）、$\pi 4$（基础）……

作为与此相对应的乐观预测，我们可以假设这个地区突然登上了最佳人居城镇 TOP10 的榜单，房屋需求大增，或者日本经济奇迹般地进入高速增长的轨道，人们都富裕起来了。所以，随着需求的增长，租金也上涨了。我们将计算结果记为 $\pi 2$(乐观)、$\pi 3$(乐观)、$\pi 4$(乐观)……

相反，作为悲观预测，附近的中老年阶层进入了遗产税的适龄期，土地再开发成为当地热潮，那就糟糕了。大量新建的公寓涌入市场，空房增多，租金降低。我们将计算结果记为 $\pi 2$（悲观）、$\pi 3$（悲观）、$\pi 4$（悲观）……

然后，发生了一次大地震，公寓损毁了大半，需要大笔的修缮费用。但如果我们的公寓没问题而其他公寓倒塌，竞争对手就会减少，或许又成了乐观的预测。

那些对"投资""预测""动态"这类词汇不自觉地会有防备心理的人也知道了它们的内容并没有那么离奇。不过，对公寓经营很感兴趣的学生和年轻管理层可能并不多。我们再来举一些其他的例子。

时间、体力和精力的投资

我们以教育为例。初中、高中、大学……我们为什么要把宝贵的 10 年青春都用在那些在现实社会中毫无用处的学习上呢？虽然这是一个非常深刻的问题，但是本书不是教育论和励志类书籍，所以我就很简单地回答大家，就是因为这样做有好处。即使是同样的工作内容，大学生的工资比高中生高，正式职员的工资比临时工或合同工高，他们晋升和加薪的机会也很多。如果你在 30 岁、40 岁的时候仍然没有成绩，就可能会坐在替补席上。

或许也有人会说："我有特别的才能！也非常有自信！从一开始，我就没有把我的职业生涯放在眼里。"虽然这种叛逆精神很重要，我们需要保持，但是在这个以努力、才能和自信来取胜的世界里，我们必须有更明确的投资意识。

比如，你是一个围棋高手。如果你想成为一名职业棋手，就必须在 26 岁之前顺利晋级到四段。即使你成了职业选手，如果战绩不佳，收入也会减少，并且有可能失去职业资格。

在同样依靠实力比拼的领域，比如体育界，运动员的职业生涯开始得早，结束得也早，所以他们还要考虑退役之后安身立命的问题。另外，像漫画家、小说家这样的创意性工作，如果作品不畅销，他们就可能会失业。

如果你有这方面的热情，就不会有类似"到底上不上大学或读研究生"这样消极的烦恼了。你应该每天都会被迫进行更严格的、不同层次的投资。

类似"只要努力，皆可成功"这样励志的话说起来容易，而我们的时间、体力和精力都是有限的。比如，如果今天加班，虽然能赶上今晚的截止日期，但明天头脑可能会变迟钝；如果今天、明天、下个月、明年都不顾一切地干活，五年后，你的身心就将受到无法恢复的损害（或者根本无法熬到五年后）。

为了明天的胜利，为了明年的胜利，为了在漫长的职业生涯中有所成就，我们现在应该做些什么呢？要把时间用在哪里？如何休息？也就是说，为了未来的收益，我们将有限的资源投入到什么地方？这就是我们所说的"投资"。

时间一去不复返。

预期价值和沉没成本

我们要从经济学的角度把上述例子总结一下。为此，我们先要了解预期价值和沉没成本。因为在我们需要做出类似"这种投资我们应该做，还是应该放弃"或者"应该从几个投资项目中选择哪个"的决策时，它们很重要。

我们还是以建公寓为例。在我们投资之前，有必要回答"原本就该建这个公寓吗"这个问题。为此，我们将未来的全部收益汇总起来就会一目了然了。如果公寓使用年限是 30 年，我们可以先计算一下从第 1 年到第 30 年的收益（不包括建筑成本）：

$V = \pi_1（基本）+ \pi_2（基本）+ \pi_3（基本）+ \cdots + \pi_{30}（基本）$

这就是公寓的价值（V）。严格地说，就是将预期收益或期望值相加，有时也会包括概率性的、不确定的预期价值。我们也可以计算出基础、乐观、悲观等预测发生的概率，再将它们进行加权平均计算（由于这样计算太烦琐，所以我们只使用基础预测的数据）。

与此相对应的是，建筑成本需要在第一年中一次性支付，因为一旦公寓建成，就没那么容易拆除了。当然，拆除公寓是可以的，但建筑成本无法返还，反而还要追加支付拆除的费用。从这个意义上说，建筑成本是不可逆的成本（一旦支付出去就无法收回）。

这种无法收回的成本被称为沉没成本。

即使同样是成本，我们也需要将制造每块硬盘驱动器所需要的成本（变动成本或边际成本）与公司员工的工资（固定成本）区别开。因此，我们用来表示沉没成本的符号不是成本（cost）的字母 c，而是发音相似的希腊字母 κ。顺便说一下，特意使用希腊字母也是为了避免混淆，因为普通字母 k 多用于表示资本。

因此，我们使用 V（预期价值）和 κ（沉没成本）来讨论投资公寓的得失，如果 V > κ，也就是得大于失，我们就应该投资；相反，如果 V < κ，得小于失，我们就应该放弃投资。

即使是经济学系的学生，也很少有人学习过预期价值。如果还出现了陌生的希腊字母，你可能就会更加不安。我们每天做的关于成本和收益的计算只是应用于未来而已，请你不要担心。V 就是"得到"，κ 就是"失去"，我们只是通过比较两者来计算得失而已。

有远见的方法

实际上，如同欣赏一部电影，我们遇到的动态情况有很多种。

比如换车。今年，你新买了一辆车，明年，这辆车就是一辆开了一年的二手车，后年就是一辆开了两年的二手车。经过五年、十年的时间，车身内外都有老化的迹象，维修费用和检车费用也变得不可小觑了。

总有一天，你会有换辆新车更划算的想法。这时，你应该会比较"继续开旧车，维修费用慢慢增加"和"买辆新车，享受舒适的驾驶和便宜的维修费用，快乐地生活"，并选择其中更为划算的。至于计算精细到什么程度（或者不计算）就因人而异了。大体上说，你每年都会面临这样的二选一的问题。总结起来就是如图 8-1 所展示的那样。这看起来有点像个游戏，但这个单人游戏没有结束的时间，而是无限循环的。如果你置之不理，每年你就都会向右（顺时针）前进一格，车也相应地变旧了。如果选择换新车，你就可以回到起点。

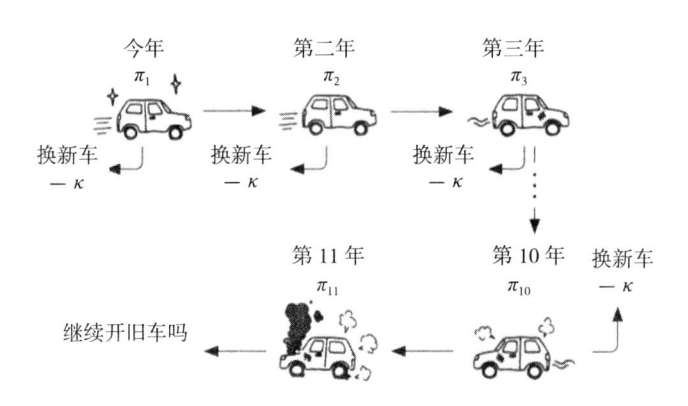

图 8-1　面临是否换新车的选择

《创新者的窘境》解读版
Estimating the Innovator's Dilemma

这个游戏的目的只有一个,那就是如何选好换车的时机,让自己拥有幸福感。这种设定的问题被称为最优停止问题。它不仅与经济学相关,而且也与应用最优控制理论的工学领域有很深的关系。(顺便说一下,从关注多名玩家策略的博弈论的角度看,单人游戏通常不被称为"游戏"。但在本节中,为了让大家更好的理解,我暂且称其为游戏。)

在回到正题之前,我再用一个简单的例子来帮助大家培养思维方式。

黑心公司和黑色恋人

我们习惯上把工作环境恶劣的公司统称为黑心公司。假设在你的职业生涯中,你不幸误入了一家黑心公司。在那里,你工作的时间越长,身心就越受伤害。在这种情况下,如果像上文提到的换新车需要三年或者五年这样漫长的时间,你可能坚持不了那么久。所以,找一份更好的工作,然后跳槽会是个好办法,如图8-2所示。

如果你有一些存款,即使找不到新工作,也最好先逃离黑心公司。如果你既没有存款,也没有可以依靠的家人和朋友,你可以通过免费的法律援助等方式先逃离,然后再开始找工作。

图 8-2　从黑心公司逃离

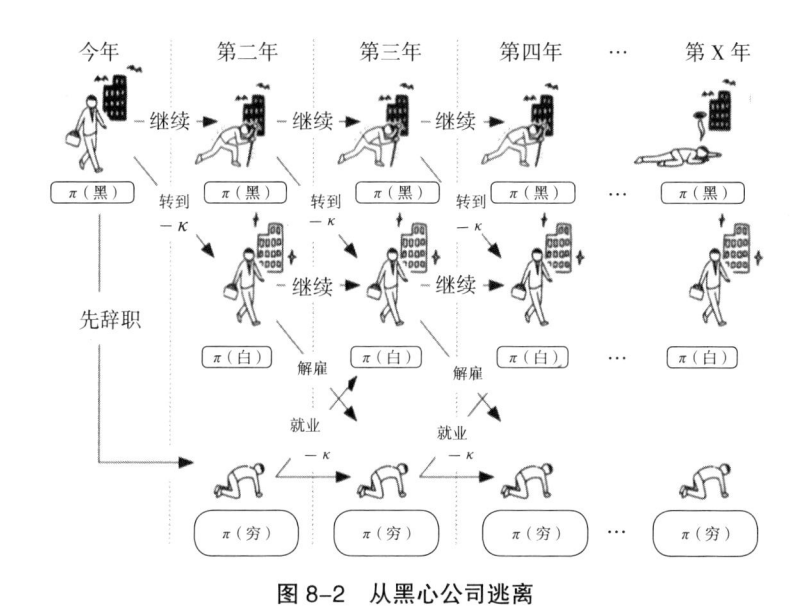

这种逃生游戏并不局限于职业生涯。

假设你偶尔会和黑色恋人交往，并一起生活。和这样的人在一起生活是很累的。如果只是偶尔心情不好，生活可能不会很累。退一万步讲，不高兴时可以想办法缓解一下，但如果开始大喊大叫、胡闹、砸东西、发生肢体冲突，生活、工作甚至人生就都会受影响。如果你遇到了这样的黑色恋人，还是溜之大吉为妙，如图 8-3 所示。

单身也许会寂寞，但如果身心俱伤，后悔就晚了。有远见的做法是"三十六计，走为上计"。身体受到的伤害可以请医生诊断，留下证据后迅速离开，然后再去咨询警察和律师。

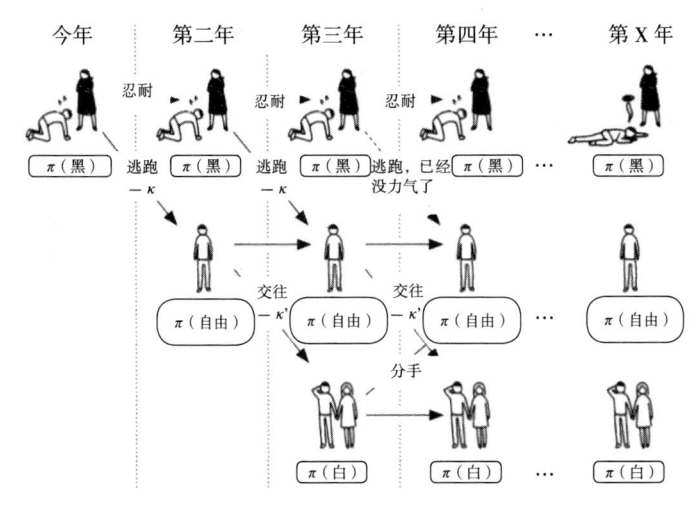

图 8-3 黑色恋人和白色恋人

从行为中倒推收益和成本

通过以上三个例子,你是否对"要使用有远见的方法"这种动态性的观点有所了解呢?

为了进一步加深理解,我们稍微回顾一下。话虽如此,其实也只是给利润和成本冠上一个新的名字,让大家更容易理解。

对企业而言,每年的收益和利润是一样的,所以我们用 π 来表示。换新车、从黑心公司离职、与黑色恋人分手等决策和行为所需的成本,我们用 k 来表示。对于这些利润(π)和成本(κ),我们既要做事先的考虑,也要考虑实际情况,才能对其进行恰当的判断。

在换新车的例子里，车的使用年限不同，情况也会不同。随着年限1、2、3……的增长，每天的幸福感也会像$π_1>π_2>π_3>……$一样逐渐减少。这是因为车的故障增多了，维修费用也高了。

但是买新车要花很多钱，这个成本是不能忽视的。如果粗略计算，比如在做出第五年换新车的决定的背后，我们可以看到以下两个选择：

- 如果第五年以后还一直开这辆车，幸福感总计为：V（一直开这辆车）=$π_5+π_6+π_7+π_8+…$
- 如果第五年底换新车，幸福感总计为：V（换新车）=$π_5-κ+π_1+π_2+π_3+……$

如果V（换新车）>V（一直开这辆车）的关系成立，那就应该在第五年底换新车。

接下来，我们暂且转换一下视角，从换新车的当事人视角转换到研究这种换新车行为的第三者视角。这就是我们所说的分析者视角。

如果新车的价格（κ）这一数据已经确定了，那么我们就可以结合这个人第五年换了新车这一事实来进行推理，就可以倒推出开五年新车的"收益"，即$π_1+π_2+π_3+π_4+π_5$。具体的计算过程如下。

V（一直开这辆车）<V（换新车），即（$π_5+π_6+π_7+π_8+…$）<（$π_5-κ+π_1+π_2+π_3+π_4+π_5+π_6+π_7+$

π8+⋯），将两边 π5 之后的所有的 π 抵消），得到 0<（π5 − κ+π1+π2+π3+π4）。接下来，将 κ 从左边移到右边，即 κ<（π1+π2+π3+π4+π5）。我们可以看出，比起买新车的成本，开五年新车的"收益"更高。严密的计算是比较烦琐的，我们只要懂得计算的方式就可以了。

反过来说，即使买新车的实际价格无法确定，但是如果开五年新车的"收益"（π1+π2+π3+π4+π5）可以确定，也可以倒推出成本 κ。

我们可以把这样简单的道理当作辅助工具来使用，这样就可以从人们实际的行为（数据）中倒推出其幸福度和成本，也就能够解读现实世界背后的理念了。

从实际的行为模式中解读人们的兴趣爱好在经济学中被称为显示性偏好理论。意思就是，我们的偏好会在我们的行为上表现出来。例如亚马逊、谷歌都可以根据我们的商品浏览历史、购买历史、搜索历史、GPS 足迹等推测出我们的购物偏好。

假设数据背后有一定的逻辑，那么我们从数据中可以学到的内容就会极其丰富。在逃离黑心公司的案例中，首先，我们将在黑心公司工作时的工资收入设定为 π（黑），再将在良心公司工作时的工资收入定为 π（白），无业时的收入为 π（穷）。

π（黑）的值是未知的，因为虽然工资收入是看得见的，但是在黑心公司工作的痛苦却是看不到的。为了将其数值化，我们需要某种辅助工具，然后可以将计算出来的结果作为分析对象。相反，在良心公司工作不会特别辛苦，π（白）可以被视为在良心公司工作的工资收入。另外，无论在什么样的公司，你做什么工作都很辛苦是一个基本事实。但在这个案例中，因为相对而言不太重要，所以我们可以忽略它。即使你失业了，在一定时间内也能从政府获得失业保险金。但是，如果不是被解雇，而是自愿离职，保险金的金额也不会很大。因此，我们把 π（穷）计为零。

从黑心公司跳槽到良心公司要花费时间和精力，我们将其成本记为 κ。从失业状态到在良心公司就职，花费的时间和精力也记为 κ。

在这里，我们要用到前面提到过的与计算开新车的幸福度和买新车的成本相同的分析方法。

如果我们将 κ 换算成金钱，并且能够明确它，我们就可以推算出 π（黑）。然后，再与 π（白）进行比较，就可以将在黑心公司工作的辛苦程度换算成金钱了。

如果有比较充分的数据，我们就能得到其他各种补充信息，即使没有计算出 κ，或许也能从其他数据中倒推出 π（黑）和 κ。

和黑色恋人分手的选择价值

对于上文提到的黑色恋人的案例，我们也可以做出相似的设定。π（黑）、π（白）和 π（自由）等处于不同状态下的"收益"，或者像 κ 这样转移到新状态的成本都可以用数据计算得出。

如果你在黑色恋人身边吃了苦头而没有采取"逃跑"的行为，对你进行观察的经济学家就会做出以下推理。

（1）如果你是受虐狂，π（黑）就可能很高。

（2）如果你不是受虐狂，而且不喜欢自由，π（自由）就可能很低。

（3）你不是受虐狂，但因为你优柔寡断或者没有逃跑的资金，或者没有可以依靠的朋友，那么逃跑的成本（κ）就会很高。

如果情况（1）是真的，那么恭喜你，希望你能与黑色恋人幸福地生活下去。对你而言，这样的"黑"才是真正的"白"。这就是所谓的青菜萝卜各有所爱。

如果情况（3）是真的，那么你就要提高自己的决策能力了，或者找个人商量一下，请他帮忙，或者攒钱逃跑就可以了。

但是，至于情况（2），我们还有进一步探究的余地。因为自由状态并不是你自己就能决定的，而要根据此后其他行为的结果决定，比如你有可能找到一位白色恋人。当然，因为还没有具体的对象，所以你在逃跑时还不确定未来会发生什么。世界上不是所有人都是无趣的，所以你还是有可能会遇到白色恋人的。

也就是说，逃跑就像买彩票一样。虽然结果是未知的，但是还是有可能会中奖的。喜欢买彩票的人经常会说："我们买的是梦想！"这也可以被视为在买彩票的预期价值。

将来能够（或许）得到的预期价值在经济学上被称为选择价值。因为这是一种基于实体经济的"彩票"，所以在金融领域也有"实质选择权"的说法。在考虑那些花费时间成本的投资项目（因为中途可能会发生情况而对投资产生影响）并评估其价值时，使用这种方法是非常方便的。

考虑到这样的预期价值，那么情况（2）中"π（自由）就可能会很低"的说法就有点武断了。

做出逃离黑色恋人的决策时，重要的是不仅要关注眼前一年的 π（黑）和 π（自由）的大小关系，而且要展望今年、明年、后年以及未来的情况，还应该从自由的状态出发来考虑之后会有怎样的发展。也就是说，你不仅要考虑眼前一年的 π（自由），还要关注包括之后每年的 π（自由），以及和可能邂逅的白色恋人一起度过的包括幸福 π（白）在内的 V（自由）。

运气好的话，也许几年后你就会遇到白色恋人，以后每年都能享受 π（白）了。包括这些在内的自由的预期价值 V（自由）有多大，这才是选择的本质。正是因为有这种预见性的期待，才会有现在就采取行动的现实行为。

因此，情况（2）中"V（自由）就可能会很低"也是正确的，我们可以进一步探究其原因。我想到的是以下四种可能性：

(a) 白色恋人是稀有的，所以找到的成本（κ'）很高；
(b) 白色恋人毕竟也是人，也可能会让人不愉快，也可能会和你吵架。π（白）可能并不高；
(c) 即使遇到白色恋人，也有可能很快分手，所以只能在短时间内享受 π（白），马上又会回到自由状态；
(d) 无法忍受独自一人，也就是说 π（自由）很低。

如果你被黑色恋人所困扰，而且即使这样也很难分手，那么其中隐藏着什么理由呢？

在（a）情况下，如果能找到降低 κ' 的方法就好了。你可以重新考虑寻找恋人的地方，同时改善自身条件，这种脚踏实地的努力很重要。

在（b）情况下，整个世界都是灰色的，所以无计可施。尽管如此，还是希望你找到符合你喜好的、无限接近白色的灰色恋人。

在（c）情况下，如果是这样，那就没办法了，还是单身生活更舒适。人最后都是独自一人，早些领悟这一点也不错。

在（d）情况下，我建议这样的人无论是去禅修，还是去锻炼身体，首先都要努力锻炼好自己的胆量，因为这样做是需要胆量的。否则下次会陷入一看就认为是白色恋人，结果却是黑色恋人的情况而无法逃脱［如果即使这样也没关系，其实情况（1）才是正确答案，说不定你真的是自虐狂。虽然我不能理解，但依然祝你好运］。

虽然我们像是在讨论人生问题，但如果你能从中稍微体会一下预见性思维的切身之处和深奥之处，那就再好不过了。

在对战游戏中，分析的基础是相同的

即使分析多人对战的游戏，使用的基本理论也与单人游戏是一样的。在双六游戏[①]中，每个人都会认真地掷骰子，看谁的前进速

---

① 双六是日本的一种室内游戏。——译者注

度更快，偶尔会出现玩家之间竞争激烈的情况。

与双六类似的是大富翁，其英文名为 Monopoly，意思就是"垄断"。这个游戏的目的是，垄断自己停在的格子里的房产和商业，提高价格，然后抢走停在这个格子里的其他玩家的钱，使其破产。无论说它代表的是一种竞争精神，还是拜金主义，我都很喜欢这个游戏。

在大富翁游戏中，玩家需要从写着"GO"的格子出发，依次掷两个骰子，按照顺时针旋转的路线走格子前进。每位玩家都可以不断地买断自己停留过的格子上的土地，双方可以就各自拥有的物品进行协商、交换和买卖。如果独占同一区域中的多套房子，你就可以在那里建客栈或酒店。如果设施豪华，其他玩家在这个格子上停留时的住宿费用就会提高。

这样转几圈下来，基本上每个格子都会为某位玩家所有。根据掷骰子的点数，如果你停在了对方建造的豪华酒店的格子里，你就要支付巨额的住宿费用，这下可就惨了。这样的危险会随着游戏的进行而不断增加。

这听起来是不是很兴奋？希望大家都去玩一玩大富翁，这也能帮助大家更好地理解本书的内容。为了让游戏的竞争更平衡，最好五个人一起玩。但是，如果持续时间过长，玩家的贫富差距就会过大，甚至会出现矛盾，最终失去朋友。根据世界大赛的规则，推荐大家在 90 分钟内决出胜负。

决定你命运的不仅仅是你掷骰子的点数，其他玩家的运气和拥有的物品数量也会左右胜负。因此，从博弈论的意义上看，大富翁游戏既有游戏性，也有战略性。

那么，让我们再次从分析者的第三视角来观察大富翁游戏。根据博弈论，决定你的收益（π）和价值（V）的不只是你拥有的金钱和物品，还有对方占据的区域、拥有的金钱和物品（即他人因素）等因素。这些都是要进行综合考虑的。

因此，与上一节的例子不同，现在，你除了考虑自己的现状（使用年数、工作状况和交际状态等）之外，还要考虑关于竞争对手的各种变量，然后再计算 π 和 V。

房子的购买价格和酒店的建筑费用都是由游戏规则决定的。因此，为了建设更好的持有物业的沉没成本从一开始就是一个明确的数字。

另一方面，我们看不到的问题是：每位玩家都在想什么？你在游戏中期待怎样的胜率？这只能从玩家的实际行为模式中来推测了。

根据已有的顶级玩家云集的大富翁世界大赛的数据显示，如果玩家停在了价格最昂贵的深蓝色区域的格子里，就会做出不买的决策。这样一来，我们就可以推测出这个区域的房子虽然价格昂贵，但将来的收益不被看好，属于不良物业资产。

在读过大富翁游戏前世界冠军写的书后，我们知道，最容易取胜的优质物业好像是在橙色区域（纽约大街周边）。因为从盘面左下方的"监狱"出狱的玩家如果掷了两个骰子，点数是6、8、9的话，就会停在橙色区域。这个概率是很高的，也就是说，预期价值很高。

使用这种分析方法，我们就可以对现实行业中企业之间的竞争和投资进行有条理的实证分析了。在第9章中，我们回到正题上，即对"窘境的阐释"。

第9章
Chapter 9

对"窘境"的阐释:步骤(3)和(4)投资和反事实模拟

通过第 8 章的例子，我们对有预见性的行动和实证分析已经有了初步印象。我们要调动直觉和感性，进入阐释"窘境"的最后阶段。在本章中，我们将一口气进行步骤（3）投资以及步骤（4）反事实模拟的分析。

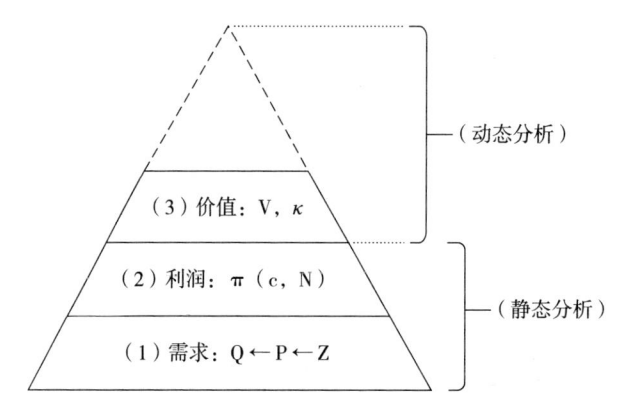

图 9-1 估算创新的预期价值和沉没成本

步骤（3）：投资游戏的理论数据分析

在第 6 章中，我们推算了需求侧（包括新旧产品间替代性的需求函数）。在第 7 章中，我们又推算了供给侧（利润函数，也就是竞

第 9 章 对"窘境"的阐释:步骤(3)和(4)投资和反事实模拟

争和利润的关系)。

这些前期工作的价值在于帮助我们得到了第 8 章中的 π,也就是每年的利润额。而且,我们还根据硬盘驱动器制造商的状态计算出了不同的 π。具体而言,硬盘驱动器制造商有以下三种状态:

- 成熟企业(创新前);
- 成熟企业(创新后);
- 新兴企业。

进行创新前的成熟企业只卖旧产品(5.25 英寸硬盘),创新后会卖新旧两种产品(3.5 英寸硬盘和 5.25 英寸硬盘),而新兴企业只卖 3.5 英寸硬盘。

和第 8 章中出现的 π(黑)和 π(白)一样,我们可以将企业在各种状态下的利润简称为:

- π(旧),即成熟企业(创新前)的利润;
- π(两),即成熟企业(创新后)的利润;
- π(新),即新兴企业的利润。

我们的数据完整记录了各个企业每年的情况和行为模式。哪个企业只有旧产品,哪个企业推出了新产品,各个企业什么时候开始创新、进入或退出市场,这些情况我们都了如指掌。

这与第 8 章中的例子(即车的使用年数、人们的购买经历,或者人们的工作经历和交际经历)被数据化是一样的。也就是说,如果我们很好地处理了以上数据和资料(各种 π,以及关于企业状态

167

和行为的数据），就可以从中倒推出创新的价值（V）和创新的成本（κ）。

我们想计算的究竟是什么呢？

现在，实证分析的模型上已经搭载了替代效应和竞争效应这两个理论。唯一尚未实证的就是第 4 章中提到的能力差距。企业真正的实力是无法用专利数量和研发费用这些表面数字来衡量的。

因此，步骤（3）的目标是分别计算出成熟企业的成本 κ（成）和新兴企业的成本 κ（新），并进行比较，看看究竟哪个更好。图 9-2 展示了这个过程。

比起第 8 章和之前所有的图，图 9-2 看起来似乎更庞大、更复杂，其实仅仅是参与者的数量增加了而已，具体内容和各个企业所面对的情况没有多大差别。

如果我们关注每个决策点（图 9-2 中游戏树的分岔点）就会发现，最多只能由两三个参与者做出简单的决策。（要想画出严谨的游戏树图，我们就必须把所有参与者都集中起来，并且在一个游戏树上出现，这样做很复杂，所以我在这里省略了。）

现在，每年（1981—1998 年）、每个状态（旧、两、新）以及市场中的竞争对手数量（$N = 1 \sim 20$）的利润（π）已经明确了。

首先，我们可以对图 9-2 的右侧，也就是 1998 年之后的情况做一些预测。

我们先做这样一个假设：虽然我们不知道未来会发生什么，但

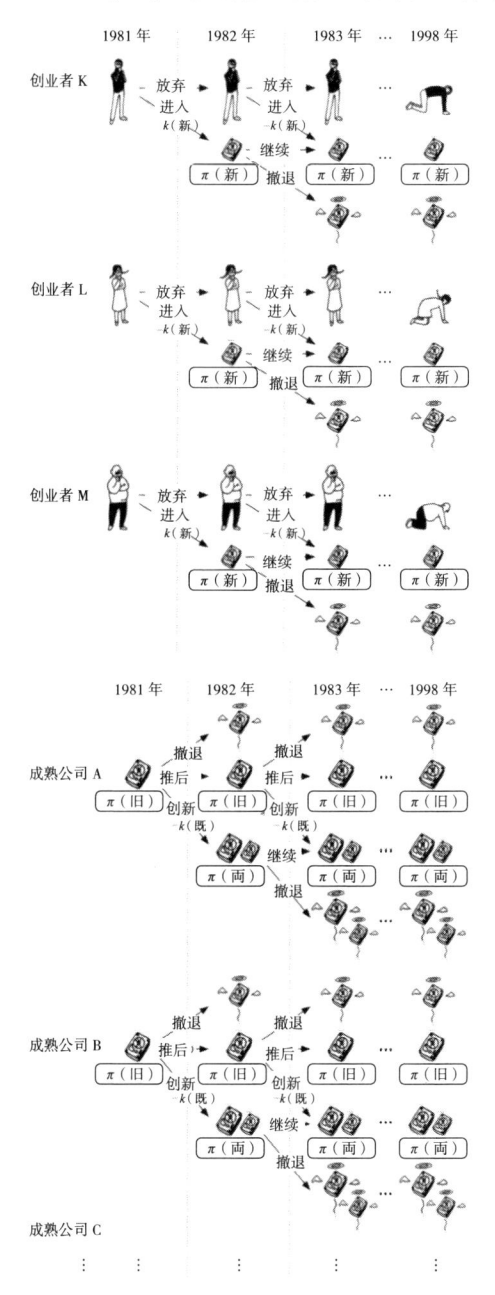

第9章 对"窘境"的阐释：步骤（3）和（4）投资和反事实模拟

图 9-2 成熟企业和新兴企业的"创新"游戏

是 1998 年的领先企业，1999 年以后的业绩也应该不错。

然后，我们要瞄准"在什么时候采取什么行动才能在整个期间赚到最多的 π"这一目标，从最后一年开始倒推出能够实现预期价值最大化的最佳路径（实现总收益等于预期价值这一目标的最佳路径）。1997 年、1996 年、1995 年……一直向左倒退，找到最佳路径，即最佳战略就可以了。

这种分析方法被称为逆向归纳法。

为了做出有远见的、明智的选择，我们有必要在预测结局（最终的 π）的基础上，制订一个实现目标所需要的行动计划。

逆向归纳法或者从结局来解析整个过程等说法听起来既抽象又难懂，但实际上，这与从终点开始，用鬼脚图[①]来逆向选择最好的起点是一样的道理。

我再举一个比较复杂的例子。在围棋或者象棋比赛中，一方要在考虑另一方出手和下一步如何走棋的基础上找到现阶段最好的破解方法。在这一点上，两者同理。

实际上，我们在日常生活中也会做这样的事情。比如，如何避开交通堵塞出行或购物，或者利用电车线路搜索功能来选择最短的路线等。即使不是要做出类似换新车和换工作这样重大的决定，我们在生活中也总是要做动态分析。

---

① 日本的一种游戏，也是一种简易的决策方法。——译者注。

那么，我们该如何对这种投资的动态游戏进行实证分析呢？

其分析原理与第 8 章的相同。我们将每年的收益 π 不断地加在一起，或者比较 π（旧）和 π（两）就可以了。例如，如果某公司 1998 年进行创新，那么该公司的价值 V 应该会增加 500 亿日元。

如果是这样，我们假设 1988 年是机会之年，但进行创新的企业实际上并不多，我们就可以做出以下推测，即对成熟企业而言，成本 κ（成）应该很高。

同样，根据我们对 π（新）和 V（新）的调查研究，我们可以知道，在 1983 年，新产品的需求还很小，创新和新进入市场的好处（短期内）几乎为零。

尽管如此，我们还是假设 1983 年左右出现了很多新兴企业。这样，我们就可以推断，对于以进入市场为目标的创业者而言，进入市场（以及创新）的成本 κ（新）应当相当低。

正是依据显示性偏好理论（不是只听别人说什么，而是应该通过他的行为来判断这个人），我们正在一个接一个地去发掘那些无法用眼睛看到的现实。

能力差距的真实情况

我们可以从数据中提取出成熟企业的创新成本 κ（成）以及新兴企业创新和进入市场的成本 κ（新）这两个值。实际上，进行计量分析是很费时间的，但是计算结果本身却只有两个数字。

我们已经在第 4 章中解释过，所谓"创新能力强"，换句话说就是创新成本低。因此，对于"成熟企业和新兴企业哪一方的创新能力强"这个问题，我们只要研究一下哪一方的 κ 更小就可以了。

结果如何呢？

我们的结论是，κ（成）< κ（新）。也就是说，如果只是比较原始的创新能力，成熟企业似乎比新兴企业更强。

从创新者的窘境这种现象和那些吸人眼球的宣传语来看，成熟企业给人一种磨磨蹭蹭的印象，这还真是一个意外的发现。

尽管成熟企业的创新往往会滞后，但是其创新能力强是什么意思呢？

有能力做某事和实际做某事是两回事。有能力做和努力去做是不同的，有所成就又是另一回事了。这并不是在说类似"能力和努力哪个更重要"或者"没有结果就没有意义"的废话，而是在说"世界上有一些你有能力做却不想做的事"。比如那些没有什么好处却很费功夫的事，或那些在创造新收益的同时侵蚀了原有收益的事。

为什么创新会没有什么收益呢？因为旧产品和新产品的替代性高，会对需求产生替代效应。如果使用刚才的符号来记录，就是：

$$\pi（两）< \pi（旧）+ \pi（新）$$

也就是说，同时销售新旧两种产品的企业的收益将低于单独销售这两种产品的两家企业的收益之和。

为什么会这样呢？关于这个问题的背景，第 2 章中的理论（1）需求的替代性（替代效应）是关键。

从数据中实际测出替代效应的程度所使用的方法是第 6 章中研究步骤（1）需求的回归分析。推算结果显示，成熟企业正面临着相当严重的替代效应。

反过来说，尽管从创新中看不到多少收益，在这种情况下，成熟企业还是毅然决然地选择了创新。本来不太想做的事情，现在却匆忙地做了。

用第 8 章的例子来说就是，虽然不喜欢新车（收益 π 低），但是每年都买了新车（支付成本 κ）。

我们还可以从数据中观察到收益应该很低的行为。可能性只有一个，那就是新车很便宜（成本 κ 很小）。

换句话说就是，不愿意做的事，勉强也能做。所以，没什么也不会没能力。

虽然我们正在测量创新能力这个看似积极的东西，却不知为何一直被一种消极的氛围笼罩着。在步骤（3）中，我们发现，成熟企业发展迟缓并不是因为创新能力不足，而是缺乏创新的热情和努力。

步骤（4）：科学的虚构

通过第 6～8 章和本章的实证步骤（1）(2)(3)的分析，应用由需求、供给和投资三个部分组成的理论，我们不断地完善数据，建立了分析和推算的实证模型。在这个过程中，我们也很好地融入了三个理论要素（替代效应、竞争效应和能力差距）。

我们不是要去看表面现象，而是要追溯到需求、供给和投资等本质性（结构性）要素。我们将现实世界中的现象称为结构模型。完成与数据对照的推算工作的结构模型就是现实世界的微缩模型。

我们在本章中所要完成的工作就是从现实世界中提取与创新者的窘境这一现象相关的各个方面的"沙盘"。

对我们在第 1 章中使用的降落伞的例子和在第 5 章中使用的宇宙空间站逃生用密封舱的例子而言，重力加速度和流体力学的运动模式相当于本质性要素，但是如果要记录和测量它们，就需要使用物理学定律来测量必要的参数（比如万有引力）。如果使用沙盘，我们就可以进行模拟实验了。我们已经做好了计算降落伞下降速度和逃生舱落到海面时的冲击力的准备。那么，现在我们就可以模拟类似"如果不存在替代效应会怎样"或者"如果没有领先创新的诱惑会怎样"的虚拟的行业历史了（这与现实的历史完全不同）。

第9章 对"窘境"的阐释:步骤(3)和(4)投资和反事实模拟

在这些反事实假设的场景中,成熟企业和新兴企业会有怎样的表现呢?

人们很容易将荒唐无稽的空想描述成反复无常的想法(虽然这样做很无聊)。我们要做的虚拟分析不是这样的,它是一种在逻辑上一致的分析方法,也就是说要科学地进行空想。这就是扎根于理论的实证分析的妙趣所在,即构思出现实中不存在的东西,然后将其细致地描绘出来。

在这种研究中,最重要的就是反事实模拟分析和在此之前进行的对现实的建模,以及数据分析的精度和深度(如图9-3所示)。另外,我们正在寻找答案的问题的趣味和重要性也很关键。我个人将其称为"空想科学"。如果坚持思考科学的理论和原则,就会陷入空想。这是一种用科学的方法进行空想的方法,听起来有点不可思议。

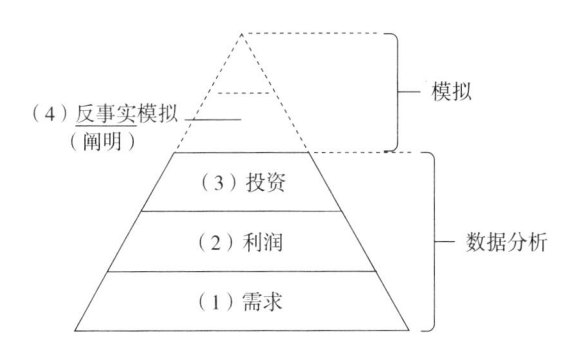

图9-3 在步骤(4)中使用模拟方法来阐明创新者的窘境

反事实模拟1：如果不存在替代效应会怎样

我们先来想象一个不存在替代效应的世界吧。

首先，用什么标准来设定没有替代效应的世界呢？可能会众说纷纭。但在这里，我们假设将新产品部门和旧产品部门完全分离。

这是什么意思呢？就是希望成熟企业不用为替代效应（公司内部的利害冲突）而烦恼。因此，并不是让新旧部门在同一企业内并存，而是干脆将它们作为独立的公司来经营，即使用旧技术生产、销售旧产品的旧事业部作为一家分公司进行独立核算；致力于新技术开发和推出新产品的新事业部作为单独经营的企业内创新公司（提供即使亏损也不会让其破产的资金援助）。这样，旧事业部和新事业部之间就不用担心发生替代效应了，它们只要追求本部门的利益最大化就可以了。也就是说，我们修改了游戏规则。也可以说，两者之间不用在意企业内部的压力，可以随意侵蚀对方的市场。所以，严格地说，与其说是不存在替代效应的世界，倒不如说是在大庭广众之下公开侵蚀市场、人人为敌的世界。

作为一种不存在替代效应的世界的游戏规则，在其他方面也有改变（消除）新旧产品之间的替代性的假设。但是，如果我们在这种情况下随意追加一些主观的设定（比如，根据对新产品和旧产品分别有多大规模需求的假设，模拟实验的结果会如何变化），这样的模拟实验本身就是本末倒置的，是不合理的。

相比之下，为了消除因替代效应而引起的同一企业的内部利害冲突，将两个部门划分为不同的独立公司，这样的新设定虽然简单

第9章 对"窘境"的阐释：步骤（3）和（4）投资和反事实模拟

粗暴，但是却干净利落。

在这个新设定的世界里，成熟企业的新事业部（不介意企业内部的利害冲突）可以积极主动地推出新产品。

图 9-4 展示的是根据现实数据绘制的行业历史图。图 9-5 展示的是一个不存在替代效应的反事实模拟的世界。

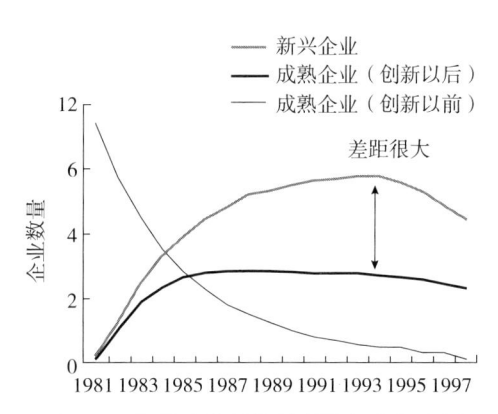

图 9-4　根据现实数据绘制的行业历史图

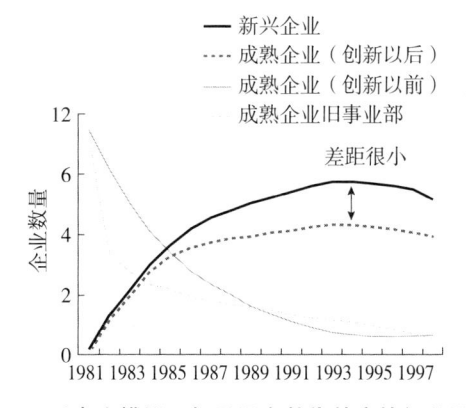

图 9-5　反事实模拟：如果没有替代效应的行业历史图

177

对比图 9-4 和图 9-5，你会发现情况大不相同：在现实世界的设定（不设立独立公司）中，成熟企业创新的积极性没有新兴企业进入市场的积极性高；在不存在替代效应的世界（设立独立公司展开竞争）中，成熟企业的新事业部会相当积极地销售新产品，虽然还跟不上新兴企业的步伐，但与图 9-4 相比，两者之间没有拉开太大的差距，创新的滞后程度也减低了一半左右。

即使在不存在替代效应的世界中，为什么成熟企业的滞后也没有完全消失呢？

新兴企业如果不尽快提高收益，它们可能就无法生存下去。创业企业若不尽快开始研发新产品并投入市场，不管成立时间有多久，始终还是（自称）创业企业。风险投资不是用来做慈善的，投资基金也不可能永远提供研发资金。

与此相比，成熟企业的新事业部则有充足的时间。在公司内部创业会拥有来自总公司的资金投入，所以它们在做出研发新产品并投入市场等决策上有足够的回旋余地，也就是说，它们既可以在看准新产品投放市场的时机之后行动，也可以根据情况等几年再行动。单纯的推迟不是一种好说法，比较好的说法就是拖延决策的选择价值。拥有允许推迟的自由意味着一旦犯错，就会陷入一种惰性。这是一把双刃剑。

反事实模拟 2：如果没有领先创新的诱惑会怎样

成熟企业不只是被替代效应牵着鼻子走。

第 9 章 对"窘境"的阐释：步骤（3）和（4）投资和反事实模拟

希望你还能记得我在第 3 章中介绍的竞争效应。在新兴企业进入市场之前引入新技术，可以防止竞争激化以及由此带来的收益减少。因此，成熟企业会被先发制人的诱惑驱使着向前冲。

这种向前冲的力量大小取决于竞争和收益的关系，即市场结构（这里指竞争企业的数量和创新状态）会让自己的收益如何变化。正如我们在第 7 章中的分析，这取决于利润函数的形式。

那么，如果没有领先创新的诱惑，成熟企业的创新会被延迟多久呢？图 9-6 展示的就是毫无领先创新诱惑的另一个世界。

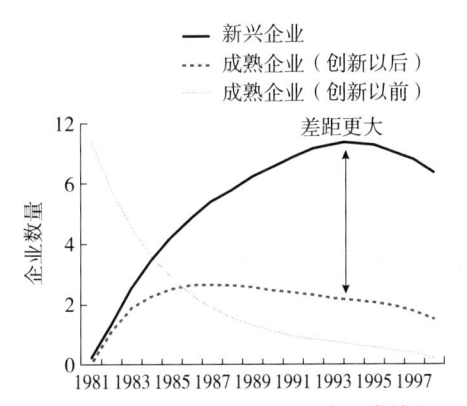

图 9-6　反事实模拟：没有领先创新的诱惑的行业历史图

如何来关闭领先创新的开关呢？

在这里，我要介绍的是一种切掉管理者一部分大脑的手术。除此之外，其实还有很多其他方法。

大脑是很复杂的，所以，现实中不可能进行那种只破坏某种功能的切除手术。但是，我们现在处于一个虚拟世界，可以忽略脑神经科学和解剖学的严谨性。我们要做的只是稍微修改一下我写的计算机程序而已。

现在，让我们试着在管理者的大脑中植入无力感。

我们在成熟企业的每位管理者的大脑中都植入了这种无力感：无论自己是否进行创新，都无法阻止新兴企业进入市场。同时，我们让新兴企业的创业者们相信：无论自己是否进入市场，都无法挫伤成熟企业的创新热情。

实际上，硬盘驱动器行业是具有战略性的，而且是动态发展的，所以各个企业的行为是相互影响的。但是，在这种反事实模拟中，我们要故意把那些想要事先了解市场情况的管理者的眼睛蒙上。

被这种无力感影响的成熟企业的管理者原本就因替代效应导致的公司内部利益冲突而放慢了创新的脚步，现在又被与各对手公司的竞争的外部压力夺走了创新的动力。结果，他们的投资速度变得极为缓慢。实际上，图9-6显示，成熟企业与新兴企业之间存在着非常大的差距。

反事实模拟3：如果没有能力差距会怎样

我们已经模拟了不存在替代效应的世界和没有领先创新的诱惑的世界。接下来，我们也想模拟一下没有能力差距的世界。这是可能发生的。但是，因为分析起来会非常无趣，我就省略了。

第 9 章 对"窘境"的阐释：步骤（3）和（4）投资和反事实模拟

正如本章前半部分所述，成熟企业的创新能力实际上很强，但是其实际的投资步伐却比新兴企业慢得多。

所以，我们就不特意分析"如果成熟企业的创新能力和新兴企业差不多低会怎样"这种模拟的结果了。很明显，情况会变得更加凄惨。

小结

现在，让我们来整理一下我们在第 6~9 章[步骤（1）~（4）]中已经分析过的内容：

- 三种理论；
- 结合三种理论进行实证分析的三个步骤；
- 反事实模拟。

在爬到第四层金字塔的过程中，我们会得出以下结论：

- 成熟企业被领先创新的诱惑强烈地驱使着；
- 成熟企业的创新能力实际上非常强；
- 成熟企业在创新上的表现差强人意，主要还是因为替代效应。

那么，我们该怎么办呢？

在第 10 章和第 11 章中，我们将思考成熟企业生存下去的策略以及整个社会（世界）所期望的创新策略。

在经济学中，我们在第 8 章和本章所运用的动态模型的实证分析框架通常被称为动态离散选择模型。曾在耶鲁大学工作的约翰·鲁斯特（John Rust）教授在 20 世纪 80 年代写的代表作《通用公司制造的巴士引擎的最佳更换模式：关于哈罗德·扎克的实证模型》也因此而闻名。

鲁斯特教授在美国威斯康星大学麦迪逊分校（University of Wisconsin-Madison）工作时，查看了威斯康星州麦迪逊市市营巴士管理者哈罗德·扎克的维护日志，这就是那篇论文的数据来源。这篇论文将扎克的引擎更换工作视为一种有预见性的投资行为，在此基础上酝酿出一种前所未有的动态微观实证研究方式。

虽然鲁斯特教授若无其事地说，他只是将理查德·贝尔曼（Richard Bellman）教授和丹尼尔·麦克法登教授的研究成果结合在一起而已，但是在过去的 30 年中，经济学界没有出现更进一步的研究成果。

顺便说一下，理查德·贝尔曼教授在 20 世纪 50 年代提出了动态规划理论。以此为理论基础开发出来的搜索最短换乘路线等方法至今仍是我们熟悉的基础技术。另一方面，20 世纪 70 年代，计量经济学家丹尼尔·麦克法登教授从经济学角度研究了离散选择问题，从而获得了诺贝尔经济学奖。我们在第 6 章中使用的差异化产品的需求分析方法就是该理论的应用。

在本章中，我们将鲁斯特教授的方法扩展到了"游戏"。

第 9 章 对"窘境"的阐释：步骤（3）和（4）投资和反事实模拟

我们的模型的特征就是以非稳定、有期限、不确定、不完备的信息来依次编号的动态游戏。

就像用掷骰子的方式来玩有 10～20 个玩家参与的国际象棋一样。这和第 8 章提到的大富翁游戏有点相似。

但是，在推算创新的沉没成本（κ）时，我们说过这是最花费时间之处。虽然推算过程本身用的是极大似然估计方法这种标准的统计方法，但为了算出似然函数的估计值，就需要使用逆向归纳法来探索动态游戏均衡（完美贝叶斯均衡或者序贯均衡）。要想得到准确的参数值，也就是要计算出具体的 κ（成）和 κ（新）的估计值，就要进行相当多次数的计算。庞大的计算量是鲁斯特学派的不动点迭代算法的特征之一。但是，在我的游戏设定里，这样计算的运算负担会非常大。于是，我把它移到循环计算处理快的 C++ 这样的编程语言上，进行了并列计算（我们在第 2 章中谈到 GPU 时提到过并列计算）。

这种计算和编程的细节问题在经济学意义上未必是本质性的。但是，如果计算不出数值，接下来的分析就无法开始了。虽然我们不需要成为特别优秀的程序员，但也不要对这些计算机技术有抵触的情绪。

类似"把工作委托给哪个程序员比较好""委托什么，应该怎么委托""如何评价那位程序员的成果"这类的问题，我们应该会明白的。

Estimating
the Innovator's
Dilemma

第10章
Chapter 10

窘境的解決（上）

回顾

成熟企业的创新速度往往比新兴企业慢,这就是我们所说的"创新者的窘境"。20 年前,这一现象在管理学领域非常有名,它是基于定性的案例研究的一种经验法则。我效法克里斯坦森教授,拿到了硬盘驱动器行业的数据,并从经济学的角度来阐释其机制。在这个过程中,我们发现了以下几点。

第一,从对需求侧的分析(第 6 章)可以看出,新旧产品之间的替代性大,两者就是竞争关系,因此会出现侵蚀市场的现象。在这种情况下,即使好不容易引入新技术、推出新产品,也会导致旧产品的销售额减少,所以成熟企业很难积极地进行创新。即使在企业内部,新旧部门之间的资金和人才争夺也会变得激烈。

第二,从对供给侧的分析(第 7 章)可以看出,竞争企业的数量增加,每家企业的利润都会减少。这种看似理所当然的道理也被我们进行了数值化。不仅仅是销售额减少,由于竞争激烈,利润率也下降了,企业的收益也会大幅减少。作为成熟企业,在其他企业控制新产品市场(以及新兴企业进入市场)之前先发制人才是上策。

第三,从对投资进行的动态分析(第 8 章和第 9 章)可以看出,在研发的创新能力方面,成熟企业比新兴企业更有优势。这里所说的创新能力,对成熟企业而言,是其积累的技术资本和组织资本等优势;对新兴企业而言,是其决策的速度和灵活性等。各个企业所有的优势和劣势综合起来就是创新能力。最后,说了这么多,实际情况如何呢?

骄兵必败,这听起来好像是因为无能才被时代淘汰,但我们经过研究和分析后发现,成熟企业欠缺的不是创新能力,而是创新热情。真可谓英雄无用武之地。

你的问题是什么

为了解决问题,我们首先需要搞清楚问题到底是什么。

在读加州大学洛杉矶分校的博士课程时,我的第一位指导教授是艾德·里默。他虽然不是研究竞争和创新领域的专家,但是他通过提出两个问题,很好地指导了我的研究。

里默教授的第一个问题是:你的"问题"是什么?意思就是,自始至终贯穿在你的研究中的、你最关心的问题是什么。这就要求我将它(研究结果应该回答的问题)归纳出来,然后用最简洁的问句表达出来。这是最关键的一步。

乍一看,这个问题好像平淡无奇,但是,世界上很多研究都没有弄清楚这个问题,它们往往以诸如"将××理论模型扩展到了

××""将××计量方法应用于××""对××行业的××战略进行了调查"的说法作为结语。我自己现在也经常犯这样的错误。

对于这种半生不熟的研究计划,里默教授的反应往往只有一句话:"这并不是问题。"这是老师在催促你去重新思考问题。

当然,根据研究类型的不同,纯粹的更有通用性的理论和开发比以前更方便的计量方法自然也属于优秀的研究。

但是,在实证分析的应用方面,没有问题的研究就像是没有笑点的笑话一样。

理论模型的拓展、计量方法的应用、行业策略的调查……无论你做哪项研究都可以,但你首先要明白以下几点:为什么要做那项研究?如果我能完成,有什么值得高兴的呢?如果没有这些动机的支持,一切都是徒劳的。

里默教授会经常提问,甚至有些学生在中途就放弃了。我的师兄、耶鲁大学商学院的彼得·肖特(Peter Schott)教授的个人网站上至今仍保留着名为《与艾德对话》(*Talk to Ed*)的著名栏目,在那里,你可以继续体验艾德的对话型论文指导。

我在这里突然提出关于论文指导的话题会让人觉得很奇怪。当我与我的一位大学同学(新兴企业的创业者)说起这个话题时,他说:"无论是投资、创业还是管理,最后都是那个'问题'。"所以在本书中,我也主张应该这样做。

我想,关于"管理者的自我启迪"这类话题的书要请他自己来写了。也就是说，乍看之下，这些问题似乎都是经济学的一些热门话题，但是，在我们对其中深层次的教训进行研究之后就会发现它们有各种其他的用途。

接下来，让我们重新来探讨本书中提到的问题：为什么成熟企业的创新速度比新兴企业慢？支配这一机制的三种理论的力量分别有多大？

这就是我们所说的以查明现象原因和实证抽象概念为根本目的的问题。

谁应该关心这个问题呢

里默教授不断追问的第二个问题是：谁应该关心这个问题呢？

这句话乍听起来好像是在卖弄是非，但是如果好好理解它，它的意思就是谁应该关心这个"问题"呢？

经济学最终关心的问题不仅仅是一家企业、一位劳动者、一位消费者的问题，而是对于社会、经济和世界而言的问题。

因为这些问题是社会整体及其发展的基础性、原则性问题，所以在这里，政府的政策就有了存在感。这里所说的"谁"是指具体对于哪个政策领域而言是重要的问题。

例如，经济、物价、经济增长是宏观经济学的重要话题，属于财政政策和金融政策范畴。因此，关于经济景气、物价和经济增长等问题，就是政府、中央银行要采取什么政策才能实现人民幸福最大化的问题。

不过，无论是政治家、官僚，还是选民，他们的行为都是受其私欲驱使的。所以，他们并不一定会倾听经济学者的意见（这种机制是政治经济学这一领域的研究对象）。但还是要有人认真考虑一下这些问题，因为这是我们面对的现实。首先，我们可以通过分析在什么政策领域的相关人士应该关心什么样的问题来调整和解决现实世界中出现的各种问题，并推动人类社会前进。

那么，本书提出的问题（应该）由谁来关心呢？

我认为全人类都（应该）要关心。因为竞争和创新不仅会影响到企业和行业的相关人士以及股东，而且会影响作为用户的其他行业和消费者。此外，竞争和创新也直接关系到知识产权、行业和贸易政策、竞争政策（反垄断法）等政策领域的人应该如何分析和解决这一问题。而且，既然技术的兴衰直接影响到行业的兴衰，那么像失业、人才短缺等劳动力市场问题最终都将受到破坏性创新的历史进程的影响。另外，对教育和技术研发的投资（即对知识、技术的投资）的预算分配也是一个关键因素。

虽然，我只是随意列举了一些相关政策领域，但如果我们将目光放得更远一些，以下这些问题与政府存在的意义这个根本问题密切相关：从我们（政府）的整体收入/支出的角度看，各种政策是否都是有效的？如何提高我们的长期生活水平（决定因素是技术创新）呢？

我既不是夸大其词，也不是为了夸耀自己的专业学识才这么说的。恰恰相反，正因为这个问题是如此重要，我才足足花了 10 年的时间来研究竞争和技术创新。如果我们要详细地分析这个问题，恐怕写几本书都不够，而且分析得也不会特别透彻。所以，在第 11 章中，我们将重点讨论促进技术创新的知识产权规则，并通过模拟政策的效果来分析这个问题。

在第 9 章中，我们还在轻松地谈论成熟企业、黑心公司和白色恋人等与我们的生活和工作相关的话题，现在突然又转到政府和全人类的话题，这会有些让人摸不着头脑。所以，我们还是先回到企业管理的角度，来思考"我们应该怎么办"这个问题。

冲破阻碍的方法

随着技术的更新换代，行业也在发展，经历着这种破坏性创新的过程。如果从头开始看，我们就会发现这个过程很有戏剧性，也很有趣。但是对于当事人而言，这却是一个生死攸关的过程，绝对不是什么有趣的事情。这里所说的"当事人"指的是企业及其管理者、员工和股东。

新兴企业可能无法随便决定进入/不进入新市场和引入/不引入新技术，而是只能进入新市场或者引入新技术。因为对它们而言，竞争环境非常严峻，胜算可能微乎其微，所以它们别无选择。在这种意义上，问题的设定就很简单了。

对于成熟企业而言，这个问题可能更复杂一些。成熟企业有自己的主业，有老员工，有大客户。正因为有过去的积累，所以它们不会有那种不马上做点什么就会倒闭的紧迫感。即使它们真正想开始新业务，也会存在很多障碍。

这种"障碍"的代表就是新旧产品之间的替代效应。我们在本书中进行的数学分析乍一看有些冗长和枯燥乏味，让人不禁想说"真没意思"或者"合理的消费者和经营者在现实中是不可能存在的"，但这只是一个表面现象。

把世界上的事物和人的感受用语言表述出来是一项不可能完成的任务。尽管如此，人们还是试图使用语言和其他各种手段来表述和传达一些东西。

仅仅用方程式和希腊字母来描述经济活动的过程（或现象）对我们而言并不是什么难事。这个分析过程就是削掉了现实世界中的各种枝枝蔓蔓，将其简单化并进行建模，所以现实世界中，人们几乎不会使用这些数学公式本身。

尽管如此，我们还是可以通过读懂数学公式，并发挥我们的想象力去了解它们背后的事物。例如，我们在数学模型中用到的替代效应指标，它们除了表示差异化产品之间的需求替代性之外就没有其他意义了，而且也没有明确记载企业内部的个别情况。如果我们想描述行业整体水平的长期兴衰过程或者插入一些企业细节，仅仅靠这些数据是绝对不够的，也不符合逻辑。模型化就没有任何意义了。

但是，我们以需求的替代性为基础可以想象出各种摩擦出现的情形。比如，企业部门之间的竞争和企业内部政治、员工与企业文化的冲突等。归根结底，我们还是需要依靠自己的想象力。

从这个意义上说，在第 9 章中出现的那些经济学术语都是为了使大家能够轻松地理解和面对残酷现实的一种隐喻。

那么，什么是根本问题，什么是"枝枝蔓蔓"呢？

我们要聚焦什么、舍弃什么，这些都应该根据我们的分析目的来确定。

我们能够从这个分析过程中学到什么呢？我们要聚焦在行业和企业的哪些方面？想用多大的"分辨率"来分析它们呢？

这都需要我们根据问题的不同来选择分析方法。

正因为如此，问题的设定才显得至关重要。

我们应该怎么办

如果你认为成熟企业最优先考虑的问题是生存，那你就不会对创新障碍说三道四，而只能像新兴企业那样去思考和行动。

在第 9 章的反事实模拟中，我们模拟了如果没有发生替代效应的情况。如果成熟企业可以忽略创新障碍，那么它们就完全可以以接近新兴企业的速度去推进新技术的研发和商业化。

为了在破坏性创新的浪潮中生存下去，成熟企业必须进行创新性的自我破坏，这才是解决问题的根本之道。

但是，和这世界上的所有事情一样，有些看上去理所应当去做的事情恰恰是最难做的。所以，有人会问，这到底有多难呢？接下来，我准备从以下五个方面来讲清楚，即如何培育新事业部？收购一个新事业部怎么样？说是这么说，你能把旧事业部的员工都解雇吗？置之死地而后生。管理者眼中的"最佳"和股东眼中的"最佳"是不同的。

难题1：不成熟的新事业部的培育方法

这就是将新事业部独立化运作，并且不惜与旧事业部发生市场侵蚀的做法。

拥有重要客户和主力产品的旧事业部是企业内部的主流派，一旦损害其利益，企业就会毫不留情地关闭新事业部。这种既得权利的支配会一直持续下去，直到一切都难以挽回为止。

要克服这种情况简直比登天还难。总经理大多数都是主要事业部出身的。即使不完全是这样，各事业部对现实情况的认识和工作方式也自然而然地会以过去的主力产品为中心。即使读了本书而有危机感的企业总经理和年轻员工再怎么慷慨激昂，也有可能无济于事。搞不好的话，破坏性创新最先破坏的可能就是他们自己的职业生涯。

因此，克里斯坦森教授提出了一个想法，就是让新事业部从总公司中独立出来，设立在较远的地方，并由公司总经理直接管理，给予一定的金钱、人才和权力。这就是我们在第9章中分析的如果没有替代效应的反事实模拟。

但实际上，这种做法大多数都会以纸上谈兵而告终。即使是由总经理直接管理，总经理本身也无法脱离公司内部政治。另外，愿意主动调到远离总部的新事业部的员工会有多少呢？主要事业部的优秀员工会愿意去不知道何时就会被裁撤的新事业部吗？主要事业部的主管们能眼睁睁地看着自己优秀的下属离开吗？

这样一来，如果企业不具备完善的风险制度，在新事业部投入积极性和能力兼备的人才就是很不合理的措施。

那么，试着招聘新员工如何？

如果运气好，马上能招到来之即用的员工就好了。但是，到底从哪里才能召集到这么好的人才呢？从竞争对手那里去招吗？还是从失败的初创企业那里去招？

当然，只要总经理认真负责，而且这份激情能够持续下去，那么这就不是什么不可能完成的任务。但是，这就已经成了与创业者从头创业一样的难题了。

难题2：收购一个新事业部不就可以了吗

综上所述，要想认真地培育一个新事业部，就需要付出与创业者一样的努力。有的人适合去创业，有的人则不适合，所以大企业的管理者能否同时成为行业的改革家是个未知数。

那么，我们干脆把有潜力的技术（或者拥有该项技术的新兴企业）连同其管理层和工程师团队一起收购回来不是更快吗？

的确也有一些公司把收购新兴企业作为创新活动的中心而获得了成功。20世纪80年代，在斯坦福大学担任校内网管的工程师夫妇创建了美国思科公司。这是一家网络设备制造公司。思科公司从1993年收购Crescendo通信公司（Crescendo Communications）开始，每年都会进行大量的并购。

促使思科公司从20世纪90年代到21世纪头10年快速成长的主角是公司CEO约翰·钱伯斯（John Chambers）。他的思路和方法是这样的。

- 公司在六个月内无法开发出来的产品应该通过收购其他公司来获得。这样做的最终目的是为客户提供"只要与思科公司进行交易，就可以买到所需的网络设备"这种一站式购物服务。

- 大公司之间的对等合并会导致公司的内部矛盾，并最终以失败告终。因此，思科公司的收购目标仅限于比较小的新兴企业，最好是那种能开发初期技术的公司，看看能否做出新产品的原型，还要让整个管理团队和技术团队"转会"到思科公司。然后，思科公司就可以根据公司的需要来安排他们的工作。这种做法给人一种在大型百货公司内开设新专卖店的感觉。

- 思科公司不仅承担新产品的研发费用，还承担新产品投产后的生产和销售网络。这是一种互补性的关系，类似于大型制药公司收购制药行业的创业公司。

- 如果两家公司的文化不相似，就无法顺利实现合并。为了确认是否合适，可以先利用小规模合作关系、共同研发项目的方式，加深与目标公司的接触和联系。为了让目标公司的员工能够顺利融入思科公司内部，思科公司设立了专门致力于收购后服务的部门，负责照顾新加入的团队。
- 收购后加入思科公司的员工的福利，尤其是裁员的待遇，一定要与目标公司的（原）拥有人商量后再做决定。

提到并购，人们普遍认为英国和美国企业在这方面已经很成熟了，但实际上，美国失败的案例也很多。到目前为止，除了思科公司，很少有能够系统地选择目标并进行接触，还能够切实地设立收购后服务部门（且不断地积累并购成功案例）的公司。

每次说到"收购一个新事业部不就可以了吗"，就好像在说："没有面包，吃蛋糕不就好了吗？"这听起来总让人感觉有点敷衍了事。

但是，通过对这种做法的讨论，我们应该可以认识到企业应有的状态。感兴趣的朋友可以去读读《思科风暴》（*The Eye of The Storm：How John Chambers Steered Cisco Through the Technology Collapse*）这本书。

难题 3：你真的要削减旧事业部吗

到此为止，我们讨论的都是企业自己开发新产品和通过收购其他公司来获得新产品之间的差异。这些都是通过亲自做或收购来进行创新的积极行为。如果对两种方式都一知半解，可能就不会成功，但尝试一下新事物还是会让人兴奋的。

但是，对于一家成熟企业而言，真正困难的可能是削减旧事业部。假设新事业部逐步走上了正轨，成长为下一代的利润主要贡献者，在这种情况下，如果新旧技术的更新换代通常需要二三十年的时间，那么新旧事业部共存的时间就很长，就没有必要有意识地对旧事业部进行改革。

但是，我们的时间可能没那么宽裕。旧事业部可能会由于亏损而成为累赘。但问题在于，我们是否有果断裁撤旧事业部的判断力和毫不留情的决心呢？

日本最大的制药企业武田药品公司虽然创建于江户时代，但是它成长的契机却是第二次世界大战后维生素C的生产和出口。正如我们在第2章中所列举的同质化产品的例子，无论哪家公司生产的维生素都是一样的，所以要做到产品差异化是比较困难的。而且与医药品相比，维生素C的利润率较低，技术创新的余地也很小，属于薄利多销类的产品。

尽管如此，2001年以后，武田药品公司还是把维生素事业部卖给了德国的巴斯夫集团。断然从亏损的业务撤退不仅顺应了选择业务和集中业务这一医药行业的世界潮流，而且是对欧美反垄断部门、对卡特尔垄断事件发起的刑事诉讼和巨额罚款的一种应对，同时也反映了创业者出身的公司总经理的独裁式的管理风格。

你舍得赔本吗？

你能迅速从黑心公司跳槽吗？

你能当面与黑色恋人提出分手吗？

如果你面临这些问题，即使给你时间思考，也可能难以决断。

你可能无法抛弃自己曾经满怀憧憬的专业领域和公司，也可能无法抛弃那些曾经鼓励自己成长的前辈和同事。在那里，你度过了一半的职业生涯，如果让你放弃主要事业部，你根本就做不到。

想要推迟的话也是有可能的，比如推迟一年或者两年，推迟到中期经营计划的五年或者推迟到自己卸任的时候。类似"关注今后市场行情的变化""谨慎观察新技术的潜力""避免做出仓促却轻率的判断""无论什么事都要和周围的人商量""促进与其他公司的战略伙伴关系和维持生态系统"的托词不是很好吗？谁都不想被别人讨厌。

IBM公司在变化剧烈的计算机行业中存活了超过100年。至今，它仍然是一家大公司，让人感到不可思议。该公司原来是由制造打孔卡（在纸上打孔记录数据）、打卡机（与时间卡配套记录上班出勤情况的机器）、现金收款机的三四家公司于1911年合并组建的。

在还没有电子计算机（我指的是我们现在使用的计算机）的时代，IBM公司被冠以"国际商业机器公司"（International Business Machines）这一奇特的名称，不久就创造并垄断了商用大型计算机市场。以至于人们说起计算机就想到IBM，说起IBM就想到计算机。

尽管如此，IBM公司还是在2005年将个人电脑业务卖给了中国企业联想（Lenovo）集团。后来，IBM公司又将自己创建的硬盘驱动器业务卖给了日立公司。IBM公司毅然放弃了计算机硬件的制造和销售，转到以软件开发和咨询为主的业务领域，这虽然看上去很容易理解，但毕竟还是要公司的领导层下定决心才行。

近年来，IBM 公司在数据分析、人工智能开发等领域的竞争中似乎陷入了苦战，说不定发生了一些有意思的事情。这是一家在反复的自我破坏中顽强生存下来的老字号。好好读一读 IBM 公司的介绍，你也许能学到一些东西。

难题 4：置之死地而后生

要将这个难题分析清楚也是有难度的。你是否看过 2006 年上映的电影《致命魔术》(*The Prestige*)？

一位来自伦敦的魔术师向观众表演了一种瞬间移动的魔术，博得了他们的好评。但实际上，他是使用克隆装置复制出了另一个自己，让观众看起来好像是自己在移动。而且每次表演完后，他都将克隆出来的自己扔到舞台下的水槽里溺死。这是一个极其惊悚的故事（如果真能克隆出来另外一个自己，肯定会有更好的赚钱方法）。

在观众看来，他是以有趣的魔术而出名的成功者，但是他在每次表演后都会死去。每一次表演都意味着死亡。

正如我们在前面说过的，必须置之死地而后生。

可是，如果重生的你和之前的你判若两人，那么你真的算活下来了吗？

从难题 1 到难题 4，我们只是随意列举了一些难题。我希望大家能以各自的方式活下去（或者继续死去）。

难题 5：管理层和股东眼中的"最佳"是不一样的

因此，无论是培育新事业部还是购买新事业部都不是易事。对一位普通企业的总经理而言，彻底放弃旧事业部是不可能的。

迄今为止，大家仍在提倡创新。但实际上，创新成功的案例大部分都发生在美国和中国的部分地区。这是有一定道理的。而且，即使一家成熟企业不畏艰难险阻，努力进行创新性的自我破坏，但这是否真的就能得到企业所有者，也就是股东的认可呢？这得打个大大的问号。

就算成熟企业能够克服了"窘境"，股东们也不会感到高兴。

也许你会想，说这么过分的话真的好吗？管理者和员工可是流血流泪，艰难地完成了自我革新的。这难道不是金融教科书中经常讲的股东利益最大化吗？难道这不是在认真倾听市场的声音吗？这种行为只会受到表扬，没有理由受到责备。

我能理解你的心情，但是你真的错了。我这样说，可能会有人感到迷惑。我们首先要知道，成熟企业的生存对于股东而言并不是他们最优先考虑的事项。

股东到底是什么人？股东是远方的某个坏财主吗？

都不是。

实际上，股东就是正在读这本书的你和我。我们的储蓄和养老金构成了基金，而基金其实就是所谓的机构投资者的真实面目。

学过宏观经济学的人都知道，我们既是消费者，也是生产者，还是投资者。如果我们以后再看到"股东""投资者"等词语，就可以在心里转换成"我们"。否则，我们就又会回到"资本家和工人"这一出现在 19 世纪的错误观念上。

那么，为什么我们的股东不为成熟企业的生存感到高兴呢？那是因为企业的管理层和员工为了保全自己的利益，而不是我们股东的利益，白白浪费了我们宝贵的养老金。

那么，为什么必须要严厉批评成熟企业为了生存所做出的努力是在浪费养老金呢？理由就是容忍市场的替代效应有时候会与企业整体利益最大化、价值最大化发生冲突。

对我们股东而言，钱没有新旧之分，只要能越来越多就行了。

我们的储蓄存款、理财产品能获得稳定的增长吗？孩子的教育资金准备好了吗？我们赚的工资和每月积累的养老金能保证我们拥有最低限度的健康和文化水平的老年生活吗？

谁也不知道答案。

但是有一点可以肯定的是，如果成熟企业容忍新旧产品之间的替代效应，故意加速旧事业部的关闭，那么投资到旧事业部的股东资本就会被白白浪费。

那么，企业的管理层为什么要做那些会给股东带来损失的事情呢？

理由是他们也不想流落街头。他们曾经也有过辉煌的经历，也很留恋过去的一切,而且为了他们自己的孩子和自己的晚年,他们绝不能失去工作。

但是,对于我们投资者而言,我们根本不关心企业能否创新成功并存活下来,或者哪家企业能创新成功并存活下来。如果成熟企业与旧技术一同消失,那么我们子女教育和养老所需的资金就应该投向新一代的潜力股。仅此而已。

我们的钱并不是留给他人或慈善事业的。我们首先要养活自己。所以,没有必要把我们的钱用于为那些即将倒闭公司续命而浪费掉。

因此,我们股东和成熟企业的利害关系并不一定是一致的。"推进创新"这个口号听起来不错,但创新活动对谁有利,对谁不利,不好好考虑这个问题,你是不会明白的(即使你认真考虑了,有时候也不会明白)。

接下来,我们将在本书的最后一章讨论这个问题。我们将进一步分析本章最后提出的"对谁有利"这个主题。同时,我们也要考虑一下对整个社会产生的利弊是什么这一问题。也许,我们找不到让全世界人类更幸福的方法,但是我们已经找到了工具和材料,这可以让我们好好思考这些不着边际的问题。

第11章
Chapter 11

窘境的解决（下）

《创新者的窘境》解读版
Estimating the Innovator's Dilemma

在第 10 章中,我们将分析的焦点放在破坏性创新的当事者身上,特别是那些处于窘境漩涡中的成熟企业身上。我们探讨了它们的生存之道。

既然问题的根源在于替代效应,那么为了生存就必须要有舍弃(旧)主要事业部的决心,必须找到和培育新事业部,并使其获得成功。这就是我们常说的及时止损和积极创业。解决问题的关键就在这里。

说起来容易,做起来难。所以,大家都在找借口,动不动就想召开学习会、座谈会、研讨会,新的管理术语不断产生又消失,无关紧要的商业书籍也不断地出版、被阅读、被遗忘。

但是,就创新和生存而言,除了谈论及时止损和积极创业的话题之外,如果再去考虑其他个别情况,那就是在浪费时间。如果你想认真地分析和解决问题,那就千万不要这样做。因为这种做法看似在努力进取,实际上却是在打退堂鼓。真正的问题很简单,就是不要逃避现实,而是要下决心面对死亡。

在企业的经营管理方面,我能说的就是这些。祝你好运!

看树，看森林，看世界

正如我们在第 10 章结尾时所说，只要我们仔细观察每一家企业就会发现，有时候管理者和员工、股东的利害关系是有冲突的。

类似"公司是谁的"这类令人伤感的问题其实根本不重要。即使你去问专家，他们也只会告诉你，任何组织和团队都无法一概而论。一些人提出来的苟延残喘之策对另一些人而言可能只是平添了许多麻烦。

同样，国家、地区、民族等社会单位也无法一概而论。因此，我们不应该混淆日本的国家利益与日本企业生存的关系等这样的问题。过分保护成熟企业，而把新兴企业和创业者扼杀在萌芽中，这样做就是本末倒置了。

我们不应该只看树木，还要看森林。让我们在脑海中描绘出壮丽河山吧。

本章不仅对现存的成熟企业进行了分析和研究，而且还对新进入市场的新兴企业，以及它们作为市场主体的行业进行了分析和研究。另外，我们不仅要分析作为生产者、卖方和供给侧的企业和行业，还要分析作为消费者、买方和需求侧的其他所有企业、行业和个人。我们还要把视野扩大到国家的经济领域和政府的职能，以及作为各个国家集合体的整个世界。

如果有病人躺在你眼前，你自然会想办法帮助他，救人一命胜造七级浮屠。但是，我们也许还有比眼前的事情更重要的事情要做。

促进创新的政策

从这里开始,我们不仅要讨论供给侧(企业)和需求侧(消费者),而且市场规则制定者(政府)也会登场,这可谓是三足鼎立。

为了让大家能够更形象地理解,我先以一个具体政策为例。

我们可以把研究课题设定为"为了促进创新,政府应该实施什么样的政策"。这样的政策本身是否正确其实也有相当大的争论余地,不过作为我们分析研究的起点应该还算合适。

这个问题是非常常见的。世界各国政府都在谈论创新政策,并投入大量预算鼓励创新,但很多都以失败而告终,比如将日本九州岛打造成日本硅谷的计划和各种财政补贴。成立政府基金、搞风险投资虽然很流行,但掌握市场信息和市场实战经验与政府工作及权利(分配)政治完全属于不同的领域。这类工作根本就不适合官僚机构和政治家,它们只能做一些类似给僵尸公司撒钱、把新干线引到本地和在东京再开一次奥运会的无用之举。这不仅浪费时间、金钱和劳动力,而且也毫无效果,甚至适得其反。

精通风险投资的哈佛商学院经济学家乔希·勒纳(Josh Lerner)教授写过一本名为《走在美梦破碎的大道上:为什么鼓励创新和风险投资的公共政策会失败以及我们应该如何应对》(*Boulevard of Broken Dreams: Why Public Efforts to Boost Entrepreneurship and Venture Capital Have Failed--And What to Do about It*)的书。对公共政策感兴趣的朋友最好去读一读这本书。在这本书中,乔希·勒纳教授总结了全球促进创新的政策的失败案例和教训。他说:"特别是日本政府官员一定要阅读这本书。"(因为日本的失败事例实在太多了。)

在本节中,我们试着来构想一下更根本的制度变革。具体而言就是进行一项反事实模拟实验,看看专利制度变更所带来的冲击。

我们分析研究的步骤也终于到达了第五个层面,如图 11-1 所示。这也算是万里长征的最后一步了。从第 6 章到第 9 章,我们努力积累的结构分析的最终目标就是要模拟大规模现象和政策变化。

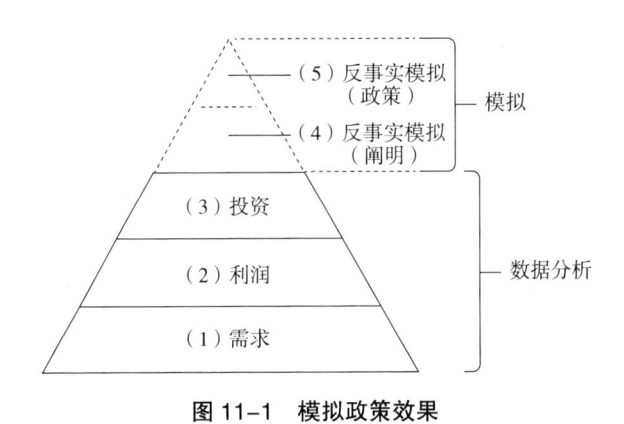

图 11-1　模拟政策效果

专利

专利是与注册商标、版权相提并论的一种知识产权,是国家赋予发明家的一种特殊权利。具体而言,发明家可以独占该发明带来的商业利益的权利,期限一般在 20 年左右(专利期限因国家而异)。

就像过去，作为国家主要税收来源的盐和烟由国家专卖一样，起源于近代英国的专利制度一开始和发明也没有直接关系，仅仅是一种特殊权利而已。

但是，现代专利制度的目的是促进创新，也就是说，通过给予新发明垄断利益这一"奖励"来提高人们从事研发活动的积极性。

也许有人会问，如果强化专利制度，会不会增加创新活动呢？有这种想法不足为奇。在经济学中，这是一个标准的思考方式。接下来，我们要将这一理论作为一个反现实虚拟版本进行模拟实验。

创新活动真的增加了吗？承担创新活动的是谁呢？而且，这对人们而言真的是好事吗？我们一边思考以上这些问题，一边设计并实施这个实验。

我们在询问 IT 行业专利存在的意义之前，有必要先考虑一下发明和产品泛滥的实际情况。

与生物制药产品的一种生物技术（特定的分子结构及其制法）明确对应一种产品的情况不同，一个 IT 产品会使用数千个零部件和多种关键技术。新产品、新技术和新专利之间的关系并不是完美的一对一对一的关系。每个制造商都在做类似的事情、生产类似的产品，这或多或少都在"侵害"其他公司的专利。这也许就是我们所说的丛林状态。

Rodime 公司的战役

硅谷基本上就处于这种丛林状态。如果不统一整个行业的产品规格，肯定就会产生很多问题。例如，如果 CPU、存储器、硬盘驱动器等主要零部件之间不兼容，计算机可能就无法使用。硬盘驱动器的直径是 5.25 英寸还是 3.5 英寸等物理规格也是如此。最低限度的行业标准肯定是必要的。人们对这些基本规格，包括对几年后的技术展望（技术路线图），在行业会议上已经达成了某种程度上的共识。

但是，在硬盘驱动器行业，曾经有企业主张这个行业的标准本身就是其自己的发明。它就是 Rodime 公司，是由 IBM 公司位于苏格兰的工厂独立后成立的公司。

1986 年，Rodime 公司提出 3.5 英寸硬盘这种新产品是该公司的发明，并且在美国获得了专利。之后，它们开始以侵害专利权为由起诉了主要的硬盘驱动器制造商。大家都为之震惊。

3.5 英寸的直径作为当时新一代硬盘驱动器的规格标准只不过是行业内的共识，并不是说 Rodime 公司发明了硬盘驱动器。而且，Rodime 公司也只不过是一家规模很小的制造商，可是它却向各大公司提出了诉讼。

硬盘驱动器的发明者 IBM 公司和业界排名第一的希捷公司要反告 Rodime 公司，并表示要在法庭上斗争到底。但也有很多大型硬盘驱动器制造商在支付了赔偿金后达成了和解。虽然这些公司可能会有避免美国高额的法律诉讼费用这一打算，但是万一败诉，法院下达停业判决的可能性也还是有的。

1988 年，该项诉讼转交到专门审理专利案件的高等法院（联邦巡回上诉法院）。此后，虽然经历了一场持久战，但到了 1995 年，Rodime 公司的败局已经十分明朗了。事情起因于 3.5 英寸硬盘的专利被判定为无效。如果 Rodime 公司的专利被判无效，该公司所主张的损害赔偿、停止营业等要求也就失去了法律依据。

20 世纪 90 年代，Rodime 公司已经没有正常的经营活动了。此后，不知悔改的 Rodime 公司还到处去敲竞争对手的大门，到处索要专利技术许可费，并逐渐走向破产。后来，由于诉讼费的增加，Rodime 公司最终还是破产了。但是，它开了现在所说的"专利流氓"的先河。所谓"专利流氓"，就是指那些自己既不制造也不销售产品，而专门以专利诉讼和专利费来赚钱的公司。

创新固然重要，保护发明者的权利也很重要。但知识产权的保护犹如黑夜中的乱斗。到底谁的主张是正当的？到底是谁做出了这项发明？到底什么才算是发明？这一切的真相还在迷雾中。

因此，类似"保护知识产权可以促进创新"的判断在错综复杂的现实面前，其有效性越来越令人怀疑。在这种情况下，即使有学者站出来发表自己的观点，暴露自己无知的风险也很高。

政策模拟 1：事后许可型知识产权

现实如此错综复杂，实在令人困惑，但是请不要气馁，让我们继续进行分析吧。正因为现实错综复杂，我们才要使用一两根逻辑链条把事实串联起来，把复杂的主张和事实梳理清楚，研究出对社会有益的方案，这才是最有价值的工作。而且，基于逻辑分析基础的、模拟规则改变带来的冲击的实验本身也是很有趣的。那么，我们应该设计什么样的反现实虚拟场景呢？

Rodime 公司提出自己拥有 3.5 英寸硬盘专利的主张虽然非常牵强，但也很有趣。这一主张 10 年后才在法院被驳回，就算有人说这可能是更有利于 Rodime 公司的判决也未尝不可。因此，我们可以模拟这样一个场景：假如 Rodime 公司的专利主张被法院通过，那还能对创新产生促进效果吗？

在这里，所谓的政策效果的测定和查明药品、降落伞对人的生死产生的影响（因果关系）是同一个实证分析课题。因此，我们可以通过比较 3.5 英寸硬盘专利不存在（现实）和 3.5 英寸硬盘专利存在（虚拟）这两种情况来测量专利对创新的影响。

图 11-2 就是反现实虚拟场景的模拟结果。

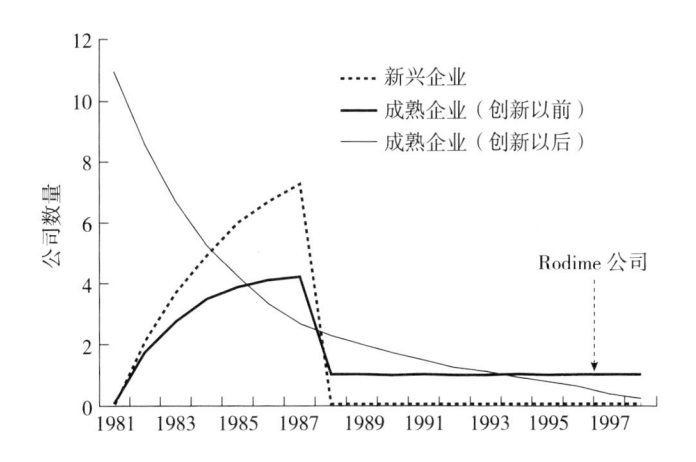

图 11-2 专利政策反现实虚拟场景：事后许可型知识产权

如果 1988 年美国法院支持 Rodime 公司的专利权主张，迫使其他公司停止生产 3.5 英寸硬盘，那么 1989 年以后，仅有 Rodime 一家公司合法地垄断新技术。根据我们在本章提出的"不仅要看树木，还要看森林"的宗旨，我们来分析一下这个判决到底对谁有利，对谁不利。

第一，Rodime 公司可以获得专利的垄断利益，得了便宜；第二，竞争对手在推出新产品上的努力化为泡影，损失惨重；第三，1989 年以后，创业者成立新兴企业并进入市场的可能性为零。

由此可见，行业内（即供给侧）的得失是显而易见的。垄断企业 Rodime 公司得到了利益，而其他所有公司都有损失。正如我们在第 3 章中所述，随着竞争的消失，整个行业的利润（经济学中也称其为生产者剩余价值）会增加，但这些都是属于 Rodime 公司的。

那么，硬盘驱动器的购买者，也就是计算机制造商和消费者（即需求侧）的情况又是怎样呢？

1988 年之前，市场中还有很多硬盘驱动器制造商互相竞争，所以新型和老式硬盘都可以用低价买到。但是，如果 Rodime 公司的专利获得认可，市场立刻就会变成一家公司垄断的结构了。于是，硬盘驱动器的价格大幅上涨，计算机价格也随之上涨，因此，将有可能出现企业用户不得不放弃对 IT 相关设备进行投资的情况。同样，计算机在普通家庭的普及也会滞后。

因此，对于硬盘驱动器以外的所有行业和普通家庭以及个人消费者而言，这都是一个极大的损失。与上述生产者剩余价值的增加形成鲜明的对比，消费者剩余价值锐减。所谓的消费者的剩余价值，简而言之，就是消费者的获得感。

对于生产者（硬盘驱动器企业）而言，剩余价值（利润）是：

收入—成本（费用）

同样，对于消费者（企业用户和个人）而言，剩余价值（获得感）是：

效益（效用）—成本（支出）

换言之，从硬盘驱动器中获得的幸福感和便利性（效用）减去购买硬盘驱动器所需的价格和成本（支出）就是需求方的净利润（顺便说一下，效用是"小幸福"的经济学意义）。

更详细的分析请参阅微观经济学的入门书籍。消费者剩余价值（以及消费者剩余和生产者剩余价值的总和，即市场福利）是经济学家在评价经济整体表现时非常重视的指标之一。所有的经济活动都是为了提高这种获得感而存在的，这就是古典经济学的价值观。

与之相比，国内生产总值（GDP）的统计则过于杂乱无章，缺乏明确性。但是，如果要从宏观上统计一个国家的整体经济活动，就不得不依靠粗略的数字。这也是没有办法的。

因此，我们来统计并分析一下整个社会的得失：生产者剩余价值由于垄断而增加，消费者剩余价值因此骤减，两者共同影响着眼于整体社会经济的整体剩余价值，即市场福利（=生产者剩余价值+

消费者剩余价值）的增减，因为消费者剩余价值骤减的冲击力比生产者剩余价值增加大，所以两相抵销就会出现赤字。

我们分析了硬盘驱动器的全球市场，如果 Rodime 公司的主张获得通过，全人类都会遭受损失。

那么，专利制度对创新的影响如何呢？

专利制度的着眼点应该是促进研发投资，但遗憾的是，这个政策并没有促进创新。

1988 年以前，各公司的投资已经成了沉没成本，投入的资金到现在都没有收回。另外，1989 年以后，新产品的种类在法律上被垄断，所以就算除 Rodime 公司以外的其他公司进行研发也是白费力气。因此，这个政策的创新促进效果为零。

为什么会变得如此糟糕呢？

这个政策（判决）似乎让人误解了专利的意义。

专利所承诺的合法垄断利益确实是一种有吸引力的奖励，但这必须在研发竞争开始前就被告知才行。这样一来，人们对变得富裕的期望就激发了创新。

然而，在事后许可型专利制度中却没有任何关于奖励的事前公告，事后却发生了 Rodime 公司在 1988 年突然提出专利主张得到有效判决这一让人大跌眼镜的事情。这只不过是一个意外，但是促进各大企业为未来创新的努力就完全失去了作用。在完成所有投资后，却被政府（或法院）硬性判决为除了 Rodime 公司以外，所有企业都被强行地取消了资格。这样的专利制度根本就无法唤起持续不断地进行创新的努力。

我们从这一模拟实验中得到的教训是：事后排除竞争，百害而无一利。

政策模拟2：事前告知型知识产权

那么，专利制度本身是否毫无意义呢？它会不会起到反效果，从而给人类带来不幸呢？

肯定不是这样的。我们在上一节描述的是坏政策介入的典型例子。但是，我们也可以构思出忠实于专利制度宗旨的政策场景。

专利制度的奖励必须在研发竞赛开始之前，也就是在喊出"预备……跑"之前就已经准备好了。因此，专利制度的本来面貌并不是1988年才突然出现的令人大跌眼镜的事件，而是在1981年计算机市场诞生之前就已经众所周知的面向未来的奖励约定。

游戏一开始就已经明确了胜利的条件（成为新技术的第一发现者和第一申请者）和奖励（垄断新产品的制造）。而失败者受到的惩罚（从新产品市场中出局）在法律上也非常明确。对于那些积极性不高的成熟企业而言，它们很难从第一年就开始研发新产品。

如果是这种事前告知型政策，创新的速度就有可能会加快。图11-3展示的就是设定为这种事先告知型专利制度（或新技术研发竞赛）的场景。这是比前一节内容更精炼的反现实虚拟场景。

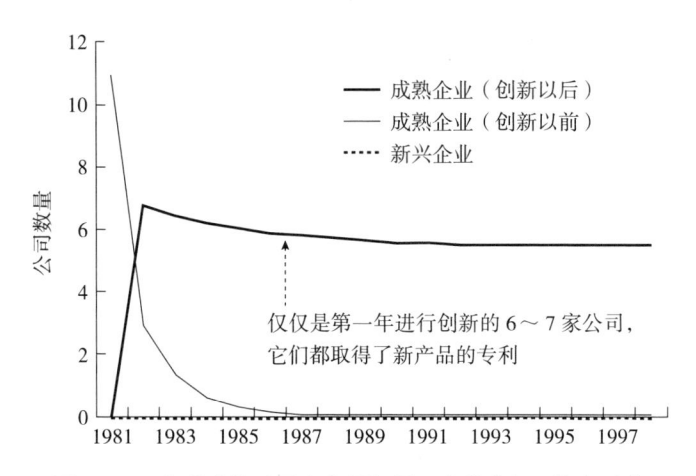

図 11-3　专利政策反现实虚拟场景：事前告知型知识产权

1981年是这场投资赶超游戏开始的第一年。从那时起，成熟企业全力以赴地投入新产品的研发。从图11-3上看，超过半数的成熟企业从第一年开始生产3.5英寸硬盘，当时还没有新兴企业出现。在第一年就毅然进行了创新的6～7家成熟企业到20世纪90年代末都一直支配着市场。由于实行的是事前告知型专利制度，整个社会的创新步伐都明显加快了。

但是，现在我们就下结论说这个政策很棒还为时尚早。很多学者和政策制定者容易忘记，创新只是手段，而不是目的。不是只要加快创新就万事大吉了，关键是要以最佳的平衡状态来平衡技术创新的利润和成本，也就是要提高整个社会的获得感。这才是我们唯一的，也是最高的目标。

在这里，让我们再一次眺望一下茂密的森林和壮丽的山河。

这种政策的受益者是谁呢？可以说这是整个社会都期望的政策吗？

与上一节一样，如果我们计算一下生产者剩余价值和消费者剩余价值，以及它们相加得到的市场福利就会发现，市场福利比现实情况（3.5英寸硬盘专利无效）有所提高。但改善的程度也仅为0.5%左右，大致可以算是在误差范围以内。为什么效果会这么小呢？

如果我们分别研究这个政策对需求侧和供给侧的影响就会有以下发现。

第一，消费者（需求侧）是快乐的。从第一年度开始，他们可以购买多家制造商提供的新旧两种类型的硬盘驱动器。因为有竞争，所以价格很便宜。但很遗憾的是，新进入市场的新兴企业为零。并不是每一年的情况都好，也有比现实情况还要差的时期。由于这种副作用，消费者剩余价值没有得到大幅改善。

第二，生产者（供给侧）的得失是很微妙的。成熟企业面临着只要不成为跑在前面的创新者就会失败的残酷的新规则。因此，它们在1981年这个最初阶段（对新产品的需求还没有那么大）就被迫进行了巨额投资。由于多余的投资造成的无用功，很难说整个行业的生产者剩余价值增加了。

市场福利的增长不尽如人意的原因在于，在市场最佳时机（对新产品的潜在需求高涨的时候）之前就被迫过早地进行了强制投资。

看来，创新总是不那么顺利。

《创新者的窘境》解读版
Estimating the Innovator's Dilemma

破坏性创新的真实含义

通过以上的分析,我们会得出一个令人遗憾的结论,那就是即使是忠于理念的事前告知型专利制度也无法增加我们的幸福感。我们应该如何看待这个结果呢?难道我们要叹息政府的无能吗?

我写这本书就是想要告诉大家类似"这是一件很难顺利进行的事情吗""事情果然已经变成这样了"这样谁都认为是理所当然的答案吗?难道说这个研究本身就是在浪费时间吗?

我不这样认为。我认为这是一个可喜的发现。

虽然我们发现即使按照经济学理论来设定规则,也无法超越现实中硬盘驱动器行业的实际表现,但是如果我们从相反的观点出发就会发现,现实中的硬盘驱动器行业在外界条件没有改善空间的情况下的表现也很出色。

美国和日本的政府并未对硬盘驱动器行业进行政策介入。另外,专利制度也并没有在 IT 行业发挥多大的作用。

作为例外,欧洲,特别是法国和意大利的政府会频繁地为本国企业推出优惠政策,并干涉企业的经营。不过,这些政策和措施好像反而加深了对企业的伤害。到 20 世纪 90 年代末,欧洲的硬盘驱动器制造商全军覆没了。

如果你觉得这是一个理所当然的答案,实际上,大部分认真的答案听起来都是理所当然的。那么,即使我提出了一个与此相反的结论,比如如果政府不投入足够的税收,我们的生活就不会变好,这大概也会影响所谓的理所当然。

有人会认为结论和答案本身并没有多大的价值和趣味。其实不是这样的,我们需要分析以下三个问题:最初的问题是什么?分析研究的方式是什么?以什么为根据,在什么样的意义上能给出答案?也就是说,对什么事情进行怎样的思考才能得到答案这一系列的分析研究过程才是最有意义的,也是大家都需要学习的"科学"。

日本和欧洲国家都认为企业、行业是由上级(政府)监督的,在这种政策预期很强烈的场景下,这听起来也许很不可思议,但从长远来看,它们要知道为何发展得很好,这就是熊彼特所说的破坏性创新的动力(不能保证所有时代的所有行业都能这样,我们需要具体问题具体分析)。作为弱肉强食的自由竞争的结果,成熟企业的市场支配权往往会得到强化,尽管如此,技术的变革也仍未停止,仍保持着某种竞争态势。

这完全归功于创业者的加入和新技术的引入。正因为如此,我们要警惕和避免采取只关注成熟企业生存和保护它们的政策措施(比如我们在第 10 章中看到的那样)。

眼见不一定为实,我们还需要发现隐藏在背后的重要的东西。

我们如果只看眼前人(成熟企业),就会忘记还有即将诞生的新一代(新兴企业或创业者)。

而创新在本质上是面向未来的,是面向下一代的。

诸行无常,盛者必衰,这绝不是一件坏事。

本书总结

闲话少说，差不多该进入本书的收官之时了。

我们的分析和研究结果可以归纳为以下三点。

第一，成熟企业即使有能力、有战略，但只要新旧技术和新旧事业部之间存在替代效应，就不可能像新兴企业一样积极进行创新（这就是所谓的"创新者的窘境"）。

第二，要逃离这个窘境并生存下去，就必须容忍并推进某种形式的替代，但这有可能与实现企业价值最大化背道而驰。所以，我们不能一概而论地说这是好事（进行创新性的自我破坏的窘境）。

第三，虽然不能期待常见的创新促进政策会有很大的效果，但反过来说，现实中的 IT 行业是在恰到好处的、竞争与技术变革的平衡状态中发展起来的。这对社会而言是一件值得高兴的事情（破坏性创新的真实含义）。

我们每个人所面临的问题都有着出乎意料的相似结构。

虽然本书的直接研究对象是企业和行业，书中后半部分的案例研究也是专门针对硬盘驱动器行业的，但我们在分析过程中所涉及的概念、逻辑和实证方法都可以应用于我们身边发生的各种事情。

企业、股东和政府并不像一般人认为的那样远离我们每个人而存在。很多企业的所有者最终都是我们自己（或我们雇用的资产管理公司），所以股东就是我们自己。

同样，政策是我们选出来的代表制定的，他们用我们的纳税来做事，所以这又是我们自己的事情。

当然，买方（需求）也好，卖方（供给）也好，都是我们在不同场合扮演的不同角色而已。所有的一切都是我们自己的事情。

这样转换一下视角，世界看起来会不会很不一样呢？也许你会发现，平时我们看到的新闻和评论都只不过是一些错误的言论和无稽之谈。

我们每个人的时间和精力都是有限的，所以不可能对所有事情都进行深入的思考。但是，当你面临真正重要的事情的关键时刻，你最好还是好好思考一番。如果本书能给大家提供这样的读书体验，我会很高兴。

INNOVATOR NO DILEMMA NO KEIZAIGAKUTEKI KAIMEI (ESTIMATING THE INNOVATOR'S DILEMMA) written by Mitsuru Igami.

Copyright © 2018 by Mitsuru Igami. All rights reserved.

Originally published in Japan by Nikkei Business Publications, Inc.

Simplified Chinese translation copyright arranged with Nikkei Business Publications, Inc. through Bardon-Chinese Media Agency.

本书中文简体字版由 Nikkei Business Publications, Inc. 通过博达授权中国人民大学出版社在全球范围内独家出版发行。未经出版者书面许可，不得以任何方式抄袭、复制或节录本书中的任何部分。

版权所有，侵权必究。

北京阅想时代文化发展有限责任公司为中国人民大学出版社有限公司下属的商业新知事业部，致力于经管类优秀出版物（外版书为主）的策划及出版，主要涉及经济管理、金融、投资理财、心理学、成功励志、生活等出版领域，下设"阅想·商业""阅想·财富""阅想·新知""阅想·心理""阅想·生活"以及"阅想·人文"等多条产品线。致力于为国内商业人士提供涵盖先进、前沿的管理理念和思想的专业类图书和趋势类图书，同时也为满足商业人士的内心诉求，打造一系列提倡心理和生活健康的心理学图书和生活管理类图书。

《微观中国经济之变》

- 11个行业，31个企业案例，从中国经济发展的见证者和参与者的角度解码中国经济的变革之道，以微观之例见证宏观之势。
- 中国的发展离不开经济转型。经济转型的主体是企业，因此要通过深化改革让企业将转型和升级作为根本目标，从而推动和实现产业的升级和转型。

《逆势而动：安东尼·波顿成功投资法》

- 叱咤投资界28年，总投资回报超140倍。曾被《泰晤士报》评选为史上十大投资大师之一的"欧洲股神"教你以逆向进取的方法寻求资本成长的机会。
- 彼得·林奇亲自撰写推荐序。

《学会投资：让未来无忧的博格投资课（第 2 版）》

- 那些适用于生活中大多数挑战的典型常识与方法"注定会让投资者们变穷"，理解逆向投资者的智慧就是投资获得成功的第一步。
- 本书的三位作者基于博格先生的投资智慧，通过幽默的文笔以及睿智的讲解，详细介绍了博格先生的投资原则和价值观，并总结出了投资的简单原则。

《马丁·普林格技术分析法（第 2 版）》

- 美国股票技术分析师协会权威推荐。
- 全球顶级技术分析大师马丁·普林格巅峰之作《技术分析》精华版。
- 证券交易员和技术分析师案头必备指南。

《逆商 2：在职场逆境中向上而生》

- 逆商理论奠基人保罗·G. 史托兹博士扛鼎之作。逆境时代，个人和组织艰难前行的必读书。
- 提出职场逆商提升理论与方法论，帮助企业识别并招聘面对逆境时的攀登者，系统性提升组织、团队和职场人士的抗逆力。

《量子与生活：重新认识自我、他人与世界的关系》

- "量子管理"奠基人、当今世界最伟大的管理思想家之一丹娜·左哈尔关于量子世界观的精心力作。
- 立足意识、物理和新的社会视野解答关于人如何与世界和睦相处，如何摆脱孤独感和疏离感。
- 雨果奖获得者郝景芳、科幻作家吴岩鼎力推荐。